いまも論語が
面白い

百歳の論語

いまも論語に
生きている

論語普及会学監
伊與田覺

致知出版社

まえがき

四十八年師父と仰ぎ、今もなお一層敬慕して息まない瓠堂《こどう》・安岡正篤《まさひろ》先生は、令兄高野山の大僧正堀田真快老師の許で発病され、大阪の住友生命病院に入院されました。そこで私は、度々三百二十米の山上から湧出する自然の霊水を届けました。その都度「道縁は不思議だねぇ」と大変喜ばれました。昭和五十八年十二月十二日夕刻先生のお手を揉《も》みながら四方山の話に時を忘れている時に、突然「道縁は無窮だね」と感慨深そうに申されました。私は何だか後ろ髪を引かれる思いを抱きながら辞去しましたが翌日の夕刻六時安らかに逝去されました。享年八十六でした。

そうして私はいつしか先生より相当に長生するとともに、先生の最後の遺教が益々身に滲みて実感させられるのであります。従って拙話が一層雑然として却ってお耳を汚したのではなかったかと今もなお反省いたしております。

然る処先月、致知出版社の編集部が苦心して整理され、『百歳の論語』と題し、ゲラ刷を送附して参り、驚き入りました。まことに雑然たる拙話で甚だ汗顔の至りではありますが、編集部の御労苦を偲《しの》びお任せすることにいたしました。

不思議な御道縁によってお求めの方は、百歳はおいて一歳の幼児の片言《かたこと》として御笑覧を賜り、忌憚のない御高批を得ば、大幸の至りでございます。

茲《ここ》に於て藤尾社長様及び柳澤副社長様の限り無い知己の御道情と小森様始め皆様の御尽力に対して深甚なる敬意と謝意を表する次第でございます。

平成二十八年五月五日

有源舎に於て　百一迂叟

伊與田覺

百歳の論語＊目次

第一講　「瞼の母」が導いた『論語』との縁

第二講　わが師父・安岡正篤先生と『論語』のかかわり

第三講　道縁が結んだ孔子の子孫たちとの出会い

第四講　孔子の道を後世に伝えた曾子

第五講　心に響く『論語』の言葉

※『論語』の引用文は『愛蔵版「仮名論語」』（致知出版社）に準拠しました。

装　幀――川上成夫
編集協力――柏木孝之

第一講

「瞼の母」が導いた『論語』との縁

◉わが師、安岡正篤先生の言葉を胸に三十五年の山籠り

この古典塾を始めて十年になり、私も百歳になりました。途中、大きな手術をしたこともあり、今回の講座も開けるかどうかといろいろ考えましたが、なんとか体力的にもよみがえってまいりましたので、孫に手を引かれながら伺った次第です。

人の命というのは何も保証がないものでありまして、約束手形をいただいているようなものではありません。いつ何が起こるやら全くお先はわからないまま、気が付いたら百になっていました。これは私個人の働きというよりも、もっと大きな働きが内にあるということです。

話せば長くなりますが、私は昭和四十四年に大阪と奈良の中間にあります金剛生駒《こんごういこま》国定公園の中に成人教学研修所というものを創設いたしました。本来、国定公園には民間の施設は建設できないのですけれども、とくに許されたのです。成人教学研修所

のある場所は標高三百二十メートルの高地で、しかも前人未踏の土地でした。当然のことながら電話もなければ郵便も来ないし、電気や水道も通っていないという辺鄙《へんぴ》なところでありました。

そんな場所で、鍛錬にやってくるいろいろな方たちと共に勉強をしていく。師弟同行といいますか、二十四時間、生活を共にしながら過ごしていく。そういう生活をちょうど三十五年間続けておりました。

私の恩師の安岡正篤先生からは、山へ入るときに「もう出てくるな。わしの失敗を繰り返すなよ」と厳重に言われておりました。

皆さんの中には安岡先生の名前をお聞きになられたことのある方もあろうと思いますが、先生は一高から東大を出た非常に優秀な方でした。けれども、生涯なんの地位にも就かず、なんの資格も持たないで、いわゆる草莽《そうもう》の臣といいますか、国士というような立場で、多くの人たちに影響を与えました。敗戦の詔勅《しょうちょく》を作成するときも鑽《さん》修《しゅう》されましたし、現在の平成という年号も先生がお考えになっておられたものです。

この年号については、立派な人たちが寄り集まって年号制定委員というものをつくって相談されたのですけれども、いざ天皇さんがお亡くなりになって皆さんで協議をしたところが、結局、総理の金庫の中に保管されていた安岡先生の案が採用されたのです。これは時の竹下登総理が「安岡先生の考えておられたものだ」と公言しておられますので、間違いはないと思います。

安岡先生はそういう陰の力として日本を支えておられました。歴代の総理も先生の教えを受けて、先生が亡くなったときの葬儀委員長は岸信介さんでありました。

その先生がなんで「山から出るな」と言われたかというと、「いやしくも教育に従事するものは有名になってはいかん」というのが先生のお考えだったからです。本人が有名になるのではなしに、教育された者の中から世のため人のため、あるいは有力になる人物が輩出されることによって、世の中が「あの人は誰が教えたのだろうか」と注目する。それで、ずっと探っていったら教えた人のところに辿り着くけれども、その名が世の中に知られるようになる時分にはもうこの世にはいない。そういうのが教育者であって、学者と違うところだ、というわけです。

教育者も学者も同じように精神的な目を持っておりますが、学者は大きな発見や発明をしたりしますと、ノーベル賞をもらったりして途端に有名になるんです。

岡潔《きよし》という先生がおられました。数学の大家でありました。私も非常に親密にしていただいたのですが、あの人はだいぶ変人でございましてね（笑）、奈良女子大の教授をしておられましたが、ほとんど知る人がなかった。ノーベル賞をもらった湯川秀樹先生と大体同じ時期の方ですけれども、数学にはノーベル賞がないものですからね。ところが戦後、数学によって文化勲章をもらったところ、いっぺんに有名になりました。確か受賞をされたその晩だったと思いますが、先生に「文化勲章をもらって何が嬉しいですか」と聞いたら、あの時分は三百万円でしたか、「年金をもらうのが何よりも嬉しいんや」と言われました。それぐらい貧乏な生活をしながら研究に当たっていたんですね。

文化勲章もらってから後は非常にモテまして、随筆を随分書かれました。うっかりすると数学は世界的なレベルで、一般の人にはなかなかわからないけれども、その随筆で先生に親しまれた人のほうが多いのではないかと思います。

そういうことで、私も図らずも百歳を迎えたわけですが、その前に三十五年間籠《こも》っていた山から下りてきました。それでいまの文明生活というか文化生活というか、これにびっくりしてしまった(笑)。まぁ、ようあれだけたくさんの車が通っとるのに交通事故にも遭わずに生きて帰ってこれるものだと、山を下りてしばらくは不思議でした。家内と二人、毎日「よう無事に帰ってこれましたな」と言って喜んだような次第です。

今日を迎えるまでにはいろいろなことがありましたけれども、私だけが特別な経験をしたというわけではありません。おそらく皆さんは私より若いと思いますが、それぞれに自分だけが経験した尊い記憶があるはずです。

皆さん一人ひとりは誰もが模倣のできない、代理のきかない尊い生命を持って、尊い生き方をしておられるわけですから、自分の過去を振り返ってみて話そうと思えば限りなくあるだろうと思いますが、今回は私の生き方をお話し申し上げて、いささかでも参考になればと思います。お目だるい点もあると思いますけれども、一つご辛抱《しんぼう》を願いたいと思います。

◉死を覚悟すると人間の心は平安そのもの

この伊與田塾という名前は私が付けたものではありません。いつの間にやら伊與田塾になってしまった。だから、まぁ自由に話したらいいであろうということで、あまりとらわれないで話をしてまいったわけであります。

私は平成十五年に山を下りました。八十八のときでありました。それまで三百二十メートルの高地に住んでいたものですから、これから先は天に昇るほかには行く道はないと思って安心していたところが、もういっぺん娑婆に下りて修行をやり直せというわけで、急に下りてまいったわけであります。

それから巷の片隅で家内と二人でそっと暮らしておりましたら、思いがけなく致知出版社の藤尾社長さんにお会いすることになり、東京に出て話をしてほしいと言われました。しかし、東京には学者にしろ、なんにしろ、一流の人が多士済々《たしせいせい》のごとくおられるから、私のような山猿が行って話をしても聴いてくれるような人はおそらくないだろうと思いましたけれども、まぁ言われるままに来ましたところが、わりあい人が集まりまして、もう一回、もう一回と重ねているうちに十回を数えたわけであります。そういうことですから、世に認められようとかいうようなものの考え方は私にはありません。

しかし、三十数年間山に籠っているうちに思わぬ種が播《ま》かれていたようです。山から下りた途端に、全国のあっちからもこっちからも「来てくれ」と所望されるものですから調子に乗って行っておりました。ところが、九州へ行ったときにどうも体の調子がおかしいなと感じました。湯布院という休養地に宿泊をしてご馳走が出たのですが、あまり食欲がない。歩くとちょっとしんどい。

それは家族にもわかったと見えて、いっぺんホームドクターに精密に診てもらったほうがいいというので調べてみたところ不整脈があるというので、その道の権威の医者に紹介してくれました。そこへ行きましたところが、「あんた、これ生きてるのが不思議や」と言われて即刻入院という診断が下りました。

その翌々日に、京都で大事な講演の予定がありました。全国各地から皆さんが寄っておるものですから、これをキャンセルするわけにもいかない。そこで「これだけ済ましてから入院します」と言ったところ、「そんな悠長《ゆうちょう》な話をしていたら、もう命はないですよ」と。とにかく即刻入院せよというわけです。

私は「ここまで生きているのだから、もうそう長く生きようとは思わんが、人間には使命というものがある。これを果たさずに死ぬということは自分の心が許さない。演壇で倒れてもよろしい。わしは行きます」と言って医者と大論争になりました（笑）。もうそのときには死んでもいいという覚悟ができていたもので、とうとう行くことに決めました。それで家族を呼び寄せて「これから行く。途中で倒れるともわからないから、あとの葬式よろしゅう頼む」と言い、私の家の墓があって三年ほど前に亡くなった家内も葬っている京都の東福寺に墓参りに寄って「近いうちに行くから、よろしゅう頼みまっせ」と報告してから行きました（笑）。

しかし人間というものは不思議なものですな。死を覚悟しますと心は平安です。だから二時間二十分の講義をなんの支障もなしに終えました。

それが済んだ途端に車に乗って、京都から大阪の病院に滑り込みました。そうしたところ、おそらく生きては帰らないかもわからないと思っていたのか、医者がびっくりしていました。大きな病院ですけれども、その病院の一番いい部屋を空けてくれました。部屋が三つか四つあって、付き添いの者やら家族が泊まれるような特等の部屋です。それで応急手当をして、その後二回にわたってペースメーカーを挿入する手術をしました。一回目の手術を無事終わって退院する三日前に「ちょっとおかしい、もういっぺんやり直す」というものですから、また同じ手術をしたのです。

その直後に今度は致知出版社主催の講座があったために、病院から車椅子に乗って東京にまいりまして、車椅子のまま登壇して二、三時間話をしました。病院が外泊は許さないというものですから、その足で大阪に帰ったのですが、幸いにしてその後は順調に、ある程度は快復しました。

◉怪我をして改めて知った瞼のありがたさ

そういうようなわけで、人間というものは年を取ると子供になるというが、気分的にも子供になりまして、それで髪の毛が生えだしたものだから（笑）、いい気になっておりました。

ところが今度はベッドから落ちて怪我をしました。いままで病院には十回ほど入院したことがありますが、いまだかつてベッドから落ちた経験はありませんでした。けれども、夜中に入れ歯が落ちたのでそれを拾うべく手を伸ばしたところ、ずるずると落ちてしまって、そこにあった椅子に目が当たったんですな。ふっと見たら目は見えるし、まぁ眼球は助かったかなと思いましたのでそのままにしていたのですが、家族に見てもらったら片方の目が内出血で真っ黒になっているというのでびっくりしました。

私は白内障の手術をしたのですが、右目はよく見えません。焦点がぼける。左目だけは幸いにして一・〇の視力がまだ残されていますので、書物の細かい文字でもメガネなしに読むことができていたため不自由はしませんでした。けれども、今度は左目がやられた。右目はあまり役に立たないから、これはまさに全盲に近いことになるなと、ちょっと不安になりました。耳は最近だんだん遠くなってきておるし、歯は全部総入れ歯だし（笑）、これは長生きをしても家族に迷惑をかけるなと。

ところが不思議なもので、見える左目に包帯をしていましたから見えないはずなのに、黄斑性で見えないと思っていた右目が微《かす》かに見えるんです。だから動作をするのにあまり家族の助けを借りずに済みました。

私はそれからしみじみといろんなことを考えさせられました。その一つは、この目を覆う瞼《まぶた》のことです。瞼には上瞼と下瞼がある。それを同時に打ったのに、なんで眼球がやられなかったのか。無傷なんですね。あぁ、これはやっぱり瞼のおかげだ、と思いました。

神さんというのは、人間をつくる上において目は大切なものだからと、これを守るために瞼というものをつくったのでしょう。それで瞬間的に衝撃を受けたときに、おそらくほんの僅《わず》かな計ることのできないような短時間で、上下の瞼が閉じたのでしょう。だから中にある目が守られた。そこで改めて私は瞼のありがたさをしみじみと思いました。瞼というものは実に尊いものだと、感謝の気持ちが起こりました。

怪我《けが》という字は「我を怪しむ」と書きますね。何やらわからないけれども怪我をした。わかっていたら怪我はしない。自分でもなんでこういうことになったかわからないから「我を怪しむ」。そういう出来事が怪我であるというわけです。

その怪我のときに瞬間的に大事な眼球を守ってくれたということで、改めてこの瞼というものを考えました。ご存じのように、「瞼の母」という言葉があります。長谷川伸の『瞼の母』という戯曲をお読みになられた方もあると思います。

眠れないままに過去百年を振り返ってみたら、この「瞼の母」のことを思いました。私は七つのときから『論語』に親しむご縁に恵まれました。それから九十三年になりますが、『論語』を読まない日はほとんどありません。軍隊にも行きましたし、病院にも十回ほど入りました。それはいろいろなことがあったけれども、常に私が携えていたものは『論語』でした。そしていまもなお『論語』を読まない日はありません。生きている限りは読み続けるだろうと思います。

私が『論語』と出合うきっかけとなったのが、瞼の母でありました。というわけでありまして、これから瞼の母と『論語』というお話をしていきたいと思います。

私は七つのときから『論語』に親しむご縁に恵まれました。それから九十三年になりますが、『論語』を読まない日はほとんどありません。軍隊にも行きましたし、病院にも十回ほど入りました。それはいろいろなことがあったけれども、常に私が携えていたものは『論語』でした。そしていまもなお『論語』を読まない日はありません。生きている限りは読み続けるだろうと思います。

◉幼い私を残して死んでしまった母の思い出

私は大正五年の六月十五日に誕生しました。現代の年齢の数え方からすると、まだ九十九ということです。けれども、これは間違った数え方だと思います。生まれたときが一歳でしょう。人は一歳から出発するものです。私は六月十五日に生まれるのですけれども、それより前、いわゆるお母さんのお腹の中に十月十日いたわけでありま す。そして、一番大きな変化をしたのはお腹の中でしょう。それを何故《なにゆえ》に生まれたときが○歳で、一年経ったら一歳なのか。生命軽視も甚《はなは》だしいですね。

人間には見える世界だけしか見えない人と、見えない世界を見える人とがあります。昨今はエコーとかいうものが発達して、生まれる前に男の子か女の子か、それ以外にもいろいろなことが手に取るようにわかるようになっています。昔は男やら女やらわからないから産着をどうしようかと悩んだものですが、いまはお腹の中がわかるからそういう悩みもない。

これを非常に残念がっていたのが京都大学の総長をしておられた平澤興《ひらさわこう》先生です。私は非常に親しくしていただいて、先生も私のやることに対して非常な興味を持ってくれました。この平澤先生は「満年齢は現実に則さない。非科学的だよ。やっぱり数え年のほうが真実に近い」と言っておられました。

そのことを一番よく知っておられるのがお母さんでしょう。私の家の菩提寺《ぼだいじ》の東福寺に水子《みずこ》地蔵のお堂をつくったところ、えらく流行っています。生まれる前にいろいろな事情で亡くなった子に対して一番心を遣うのはお母さんだと思います。その点、父親というのは無責任なところがありまして（笑）、そういうことはあまりわかっていないところがある。お寺で水子地蔵のお堂をつくったら、えらく流行っているというのは、お母さん方がその子が生まれる前にすでに我が子だと認識しておるということでありましょう。

私は高知県の西の宿毛《すくも》という湾に面した海岸の片田舎に生まれた者ですが、姉が三人あって、私は最後に生まれた男の子でした。一番下の姉よりも九つ離れて生まれました。その昔は男の子が家を継ぐのが普通でありました。そして女の子はお嫁に行く。

私の生まれた家は非常に古い家ですけれども、男の子が生まれたということは非常な喜びであって、村の人々も我が事のように喜んで大事にしてくれました。

母も、これは当然だろうと思いますけれども、溺愛というか、少し可愛がりすぎるぐらい私を可愛がりました。私は覚えていないが、母は私を連れてあちこちを回って、「この子は必ず学校の先生にします」と吹聴《ふいちょう》していたようです。そして先生にする以上は躾もしっかりしなければいかんというので、家の近くの人たちとは違った躾をしました。両親のことを「お父さん、お母さん」と呼ばせたんですな。私らの村ではそんな丁寧な言葉はどこの家でも使っていない。「おっとう、おっかあ」というのが普通で、お父さんとかお母さんなんていう家はどこにもなかったんです。

昔は幼稚園とか保育園とか、小学校入学前の施設は何もありませんでした。だから小学校に入って初めて仮名を覚え、自分の名前も書けるようになるぐらいでした。ところが母は、私がまだ学齢に達する一年前に「小学校に入れてやってくれ」と小学校の先生に強く頼んだようです。それが許可されたため、私は一人前の小学生ではなくて見習い生として入ることになりました。私もとくに抵抗は感じずに、学校に通うようになりました。

私らの時分は、小学校一年生のときにはノートを使いませんでした。石板というものに石筆で文字を書いて、うまく書けたら先生から赤の三重丸をもらう。これが嬉しくて、三重丸をもらったのを消さないように大事に持って帰って母に見せると、母はにっこりと笑って「よかったねぇ」と言いました。そう言われた途端に、私は母の胸に飛び付いて乳を飲んだ（笑）。もう乳は出ませんでしたけれどもね。

私がその見習い生に入って三か月ぐらい後のことです。いつものように三重丸をもらって勇んで帰ったら、母が寝込んでおりました。暑い時期でしたので、「日射病のようなものだろうから心配するな」ということでしたが、二、三日して容体が急変して亡くなってしまったのです。悲しくて、もう小学校にも行かなくなりました。

◉母を失った悲しみを忘れさせてくれた『論語』との出合い

その当時、土佐では火葬はしませんでした。儒教の影響が続いていたため土葬だったのです。新仏があるときには、土葬をした墓に白い幟《のぼり》を幾本も立てるのがしきたりでした。ですから遠くからでも、あそこに新仏があるなとわかるんです。その墓は私の家から川を挟んで真正面にありました。だから、毎日その白い幟を見ては涙を流しておりました。

この母の葬式に位牌を持って墓に行ったことは覚えています。たくさんの人が参っていましたから悲しみはあまり感じなかったのですが、みんなが帰ってから後に、私は叔母の背中に負われて泣き続けました。もう学校にも行きませんし、朝から晩まで家の中でしくしく泣いたり大きな声で泣いたりするものですから、家族は随分困ったようです。これは実の母を恋う子供の心です。それは失った人にしてわかると思いますが、性格も変わってしまったようでした。

私を非常に大事にしてくれた祖母もおりましたし、私が泣いてばかりいるものですからなんとかしようと父が母の末の妹を継母に迎えてもくれました。皆、母親以上に私を大事にしてくれたのですけれども、祖母も継母も実母の代理にはなりません。

それで父が非常に心配をしまして、私の叔母の夫、つまり義理の叔父（岸本百次にあたる人のところへ私を連れていきました。この叔父は田舎ではよく知られた学者でした。父は叔父に事情を説明し、なんとかならないだろうかと相談をしました。そこで叔父が私に『論語』の素読を教えてくれることになったのです。

これが『論語』と私が出合ったきっかけです。素読に使った『論語』は、昔の渋紙のようなものに書いた本でした。漢文のまま書かれた白文でした。仮名文ならまだしも、まだ片仮名もようやく覚えるか覚えないかの時分ですから意味はさっぱりわかりません。けれども、ご承知のように『論語』というのは韻《いん》を踏んで非常に調子がいいのです。読んでいるうちに、耳を楽しますというのか、子供なりに調子の良さが感じられて、何回か繰り返すうちに素読の部分だけは暗唱していました。これはいいということで、家に帰ってからも家中に響き渡るような大きな声で素読をするようになりました。

一つ暗唱するとまた叔父の家まで行って、次の部分を教わりました。叔父の家は、山を二坂越えた向こうにありました。その途中には深い森もありますし、寂しい場所もありましたが、私は一人で行っては次の部分を教わって帰ってきました。それで小学校へ入る時分にはだいぶん読めるようになっていました。それからもずっと続けて、小学校三年頃には『論語』を白文《はくぶん》でほぼ暗唱してしまいました。私は得意になって毎日『論語』を読むようになりました。

三年の終わり頃だったと思いますが、下の姉が小学校五、六年のときに使っていた教科書をふっと見たら全部読めました。びっくりして他の教科書も見てみると、国語から修身、歴史、地理、理科の本まで、文字の書いてある本は全部読めるのです。そこで、夕方になると声を張り上げて教科書を読むようになりました。

私の家はもともと土地の低いところに特別の屋敷があったのですが、類焼《るいしょう》によって全焼してしまったものですから、ちょっと小高い場所に移っていました。その家で教科書を読み始めると、下のほうにある三十軒ぐらいの民家から読書の声が跳ね返ってくるようになりました。後で聞いた話ですけれども、「山のボンが読み出したぞ」というので子供たちが皆、真似をして教科書を読み出したのです。いまは過疎地になっていますが、その時分は子供の数が多くて大概の家に子供がいましたから、夕方になると、子供の読書する声が部落のあちこちから響くようになりました。

私は小学校を卒業してしばらくして大阪の学校にまいりましたが、それから後も夕方のその時刻になると、村の子供たち皆が声を揃えて教科書を読んでいたということを聞いております。

◉『論語』には道徳の基本がすべて詰まっている

七つのときに白文で『論語』の素読を教えられたと申しましたが、昔は珍しいことではなかったんです。数学で文化勲章をもらった岡潔先生も、小学校へ入る前から『論語』の素読を教えられたと言っていました。岡先生の父親は仕事の関係で家を留守にすることが多かったそうですが、おじいさんが非常に熱心に素読を教えられたということでした。それから湯川秀樹先生は、学者の家でもありますので、学齢前に素読を教えられております。安岡先生も小学校へ入る前に素読を教えられたそうです。

岡先生といえば、文化勲章を受けられてから後だったと思いますけれども、岡先生ご夫妻と安岡先生ご夫妻が和歌山のホテルで一緒になりまして、非常に和やかにお話をされたことがあります。

私はそのとき隣におりましたが、「人間というものは不思議だね」という話から始まり、岡先生は『論語』の素読やら他の漢籍の素読を教えられたけれども、小学校を卒業して中学校の入学試験を受けたら落ちたというお話をされました。なんで落ちたかというと、算数で落ちたというんです。算数で落ちた人が数学の大家になるのですから、これも不思議です。

岡先生の話を聞いた安岡先生は、「私も素読を教えられて、数学とか理科とか化学とかの学科は全部百点でした」と言われました。安岡先生の中学校の頃の成績が大阪の四條畷《しじょうなわて》高校に残っておりました。私はそれを見せていただいたことがありますが、平均点が九十八点で特待生でした。あの時分の特待生というのはなかなかのものです。後から聞いた話ですけれども、漢文などはとくに得意で、先生が「安岡には百点では足らない。百二十点をやりたいけれども百点以上がないから百点だ」と言われていたそうです。

ところが、平均点が九十八点という中で音楽だけが八十点（笑）。私は安岡先生に聞いたことがあります。「先生、歌も上手いし音程《おんてい》もよろしいのに、なんで音楽だけが八十点ですか」そう聞いたら、「音楽の試験で歌わされたけれど、先生が教えた通り歌わなかったんや」ということでした。先生の教えたとおり歌わないと点がもらえないんです。けれども後に音楽の先生から「ようよう考えてみたら、あの歌は作者よりも君の歌った歌のほうがええんや」と言われたと（笑）。実はここにも不思議な縁が働いておりまして、安岡先生は安岡家に養子に入られたのですが、その橋渡しをしたのがこの音楽の先生だったのです。

そういうような話がありますが、安岡先生いわく「私はやっぱり理科方面に、あるいは自然科学方面に行ったほうが適切であったように思うけれども、東洋古典のほうへ行ってしまいました」と。それで「人間は不思議ですね」と言って二人でお話しになっておられたのがまだ耳に残っております。

いずれにしろ、あの時代の人々は一つの教養として『論語』の素読は皆やったわけですね。昨今は漢文を敬遠する傾向もあるし、戦後は『論語』に無縁な人が多くなりました。そこで私も『仮名《かな》論語』というものをつくって『論語』の啓発をしているわけですけれども、昨今は随分読まれるようになりました。そしてこの頃は小学校、中学校の教科書に『論語』が載るようになりました。

そのため若い人と八十以上の人は『論語』に関係が深くなってまいりましたが、全く読んだことがない、中には見たこともないという年齢域がこの中間にいるのです。そういう人には話しても通じません。考えてみたら、これは何もその人の罪でもなんでもない。戦後の日本の占領政策によるところのものでありまして、与えられなかったのが非常に気の毒で、その時代に生まれた人を責めるべきではないと思います。

けれどもいま、『論語』を全く勉強したことのないような人たちは、いわゆる人間の道徳といいますか、基本になるようなものを学校で教えられていないものですから、それぞれの要職に就いたときに方途《ほうと》がわからないんですね。人間は善良なのですが、保守的な人でも、あるいは進歩的な人でも、道徳というものにぴんとこないんです。もちろん法律は非常に大切です。法治国家でありますから、法律を守るということは大切ですけれども、もう一つの根本を学んでいないものですから、いざというときにどっちを向いていいやらわからないというのが現状です。

私は七つのときから『論語』を学んで、『論語』と共に生きてきたわけですけれども、道徳の根本を教えるものはやっぱり『論語』です。日本には教育勅語というものがありましたが、教育勅語は『論語』をもとにつくられたものですから、『論語』をお読みになったら教育勅語は読まなくてもいいぐらいです。『論語』がすべての基本になっているのです。

◉死してなお後世に伝わる命というものがある

人間には肉体的生命がなくなると同時に世の中から忘れられる人もあります。むしろそういう人のほうが多いかもわかりません。ところが、亡くなってからも世の中に影響を及ぼしている人もあります。孔子さんという人はいまから二千五百年以上も前の人であります。それが現代、国境を越え、民族を越え、時代を越えて、人々の心の中に生きています。

死んだ後に天神様と呼ばれるようになった菅原道真も立派な人です。この人は文人の家に生まれ、早くから『論語』に親しみました。非常に気の毒な最期を遂げますけれども、天神様として人々に親しまれ、いまもなお生き続けています。

大阪の天神祭は日本の三大夏祭りの一つといわれるように非常に盛んです。この天神祭が大阪にもたらす経済的効果は実に大きい。菅公《かんこう》さんがそれに影響を及ぼしているわけです。あるいは福岡の太宰府《だざいふ》に行ってごらんなさい。参道の両脇に土産物屋がずらりと並んでいます。あの人たちはお参りをする人々をあてにしているんです。菅公さんは気の毒にも太宰府に流されたままで亡くなりますけれども、そのご遺徳は現代にも生きているのです。

吉田松陰の妹さんを主人公にした大河ドラマが放映されておりますけれども、あれは吉田松陰が中心になって、妹さんも有名になるし、お父さんやお母さんも有名になってきているわけですね。松陰は武蔵野《むさしの》で首をはねられて亡くなりますが、死んでからもなお生きているわけです。

このように、人間には死んですぐに忘れられる人と、年を経るほど思い出される人とがあります。亡くなってから三十年経っても人の噂に立って慕われるような人は百孔子さんという人はいまから二千五百年以上も前の人でありますが、それが現代、国境を越え、民族を越え、時代を越えて、人々の心の中に生きています。

年経ったらさらに慕う人が加わっていく。優れた人の命は年と共に生き延びているのです。死んでから百年思い出される人は、それが二百年、三百年とだんだん年を経るほど有名になります。

弘法大師は高野山に籠られましたが、千二百年後の今日も人々の心の中に生きていますね。伝教大師もそうです。今も生けるか如く奉られています。私が非常に親しくしている堀澤祖門《ほりさわそもん》という比叡山のお坊さんがおられますが、この人は京都大学経済学部に行っているときに発心をして、十二年間、山に籠って伝教大師に日々ご飯をあげるという役目を果たされました。伝教大師を生ける人の如くに丁重にもてなすのです。これをやり通した人は、坊さんとしても非常に格が高くなります。

そういうことがありますので、私は、死んだ人は百年単位で年齢を勘定《かんじょう》したらよろしいと思っています。弘法大師は千二百年前の人だから十二歳。伝教大師も大体同じ。孔子さんは二千五百年余り前だから、いまもし生きていたら二十五歳の青年ですね。お釈迦さんも大体同じぐらい。キリストは二千年余り前ですから二十歳。吉田松陰はまだ百年余りですから二歳足らずだなぁというふうに、死んでからの命を数えるという勘定の仕方もあると思います。

◉安岡先生との縁を繋いでくれた長沢準平先生との出会い

私は母が望んだように教師になろうと思いましたが、そのためには高知の田舎の師範学校へ行くよりも東京か大阪の学校に通いたいと思い、父にその旨を告げました。けれども、親族一同、跡取りが家を出ていくのには大反対で、父もなかなか許してくれませんでした。それでも繰り返し何度も頼んでいるうちに許されて、大阪へ行くことになったんです。

そのとき、父から「男子志を立てて郷関を出ず。学もし成らずんば死すとも帰るな」と言われました。「一人前になるまでは家に帰るな」と厳命されたのです。ですから、学校が長い休みに入っても私は家には帰らずに、寄宿舎に一人残っていました。

このときに人間の縁というのは不思議なものだと感じる出来事がありました。大阪の師範学校に入学した初めの授業が漢文の時間で、口髭《ひげ》をピューンと伸ばした気品のある先生が来られました。その先生に、ふとしたことから私が『論語』『大学』『中庸』を全部暗唱しているということが伝わり、えらく興味深く見られるようになりました。

あるとき、その先生から「家に遊びに来い」と誘われました。先生の家には子供が三人いて、みんな私に懐いてくれました。しまいには家族の一員のように親しくしていただくようになりました。

私が夏休みに郷里に帰らないと言うと、先生から「故郷の和歌山に一家揃って帰るから留守番に来てくれないか」と頼まれました。これはいいと思いました。食料は確保されるし、漢文の先生ですから古い書籍も随分たくさんお持ちになっておられる。これを自由に読んでよろしいというのです。それで約一か月、留守番をしながら『論語』の解説書などを次々に読んでいきました。

これがだんだん他の先生にも飛び火をしまして、他の先生方が自分の家に帰るときの留守番を順番に頼まれるようになりました。昔の先生は休みになると我が家に帰るという人が多かったものですから、「次はわしのところに」「次はわしのところへ」と次から次へと留守番を頼まれました。先生ですから、それぞれちゃんとした書物を持っておられる。それが自由に読めるというのは、非常に助かりました。

師範学校四年生のとき、当時、舎監長をしておられた長沢準平という大分出身の先生から「家族揃って田舎に帰るから、休み中の留守を頼む」と依頼を受けました。この先生は「天神さん」というあだ名がついているぐらいに気高い方でした。大分の日出藩《ひじはん》というところの家老の孫で、その日出藩に帆足萬里《ほあしばんり》という有名な先生がおられました。いわゆる藩の儒者でありますが、その影響を受けて、長沢先生も非常に漢籍に詳しく、そういう関係の蔵書もたくさん持っておられました。

それを自由に読んでよろしいということで、私は三十数日、長沢先生の家で先生の蔵書を次々に読んでいきました。この長沢先生との出会いから大きな変化が私に起こり、やがて安岡正篤先生と結ばれる縁になるのです。

◉人間の関係はすべて縁によって生じてくる

道縁というものは不思議なものです。縁によって起こることを縁起《えんぎ》と言いますが、人間の関係はすべて縁によるものです。

中国に老子という孔子の先輩にあたる有名な思想家がいるのはご存じのことでしょう。その人の『老子』という書物の中に、

「一、二を生ず、二、三を生ず、三、万物を生ず」

という言葉があります。私は多少易学をやるのですが、易というものの原理は、太極というものがあって、それが陰陽に分かれ、その陰陽がさらに進展して六爻《ろっこう》となり、その六爻が結ばれて六十四爻に展開していきます。

私は『老子』を読んで、この易の原理に納得がいきました。要するにそれは「一、二を生ず、二、三を生ず、三、万物を生ず」ということなのです。一というのは一つの存在。それには働きとして陰と陽とがあります。この陰陽はなんにでもあって、人

間でいえば、男が陽、女が陰です。人間は一つですが、その中に男性と女性があるわけです。これが「一、二を生ず」ということです。

しかし、その二が対立していたのでは、そこからは何物も生まれません。だから、二つが結ばれることによって「二、三を生ず」ということになります。この三を「沖気《ちゅうき》」とか「和気」と言います。そして、この三の結ばれ具合によって万物が分かれてくるというのが「三、万物を生ず」ということです。この三は言葉を替えれば「縁」と言ってもいいのです。

人間は単独でいて、それぞれが対立していただけでは何物も生みません。結ばれることによって、いろんなものが出てくるんです。その結び役を、言葉を替えると沖気というわけです。「沖」という気は虚しいもの、空です。なぜならば、結ぶ場合には無心でないといけないからです。

これは日本の神道の精神にも通じています。天之御中主神《アメノミナカヌシノカミ》が天地開闢のときに現われ、その次に高御産巣日神《タカミムスビノカミ》と神産巣日神《カミムスビノカミ》という神様が出てきます。この高御産巣日神は陽の神さんで、神産巣日神は陰の神さんです。しかし、天之御中主神に始まり、日本の神というのは長い間、独り神で過ごしましたから、そこには何物も生まれませんでした。

それが具体的な人の形をとって現れるのが伊邪那岐命《イザナギノミコト》と伊邪那美命《イザナミノミコト》です。ご存じのように、伊邪那岐命は男の神さんであり、伊邪那美命は女の神さんですね。この両方が単独のままであっては何物も生まれないままですが、これが結ばれることによって万物が生まれました。この展開の仕方は、日本の神話も『老子』も相通ずるところがあります。

ただ、その結ぶときには無心で結ばなくてはいけない。私も随分仲人をしました。うまくいったのもあるけれども、破滅したのも随分ある（笑）。うまくいかないのは、考えてみたら、一方に偏っている場合が多かったようです。男性のほうはよく知っているけれども、女性をあまり知らない。逆に、女性は知っているけれども、男性を知らないというような場合です。

やはり両方をよくわきまえていなくてはいけません。そのうえで無心になって結ぶ。これが本当の意味の仲人《なこうど》です。

人間は単独でいて、それぞれが対立していただけでは何物も生みません。結ばれることによって、いろんなものが出てくるんです。その結び役を、言葉を替えると沖気というわけです。「沖」という気は虚しいもの、空です。なぜならば、結ぶ場合には無心でないといけないからです。

仲人は縁というものを非常に大切にして、無心になって結ばなくてはならないのです。「縁起がいい」という言葉がありますけれども、その縁というものは縁尋機妙《えんじんきみょう》といって非常に複雑なものです。けれども、突き詰めていけば、結び役が無心になって結ぶということなんです。

しかし、なかなかこれ難しい。私は一日に二つも仲人をしたことがあるけれど、うまくいっていない（笑）。まぁいまは仲人がいなくたって自由に結婚していますけれど、あれはますます危険ですな。

このように人間関係もそういう縁起によって生じてくるわけであります。そう考えると、縁というものは誠に不思議なものですね。

◉道縁とは不思議なもの

安岡先生は大阪でお亡くなりになりましたけれども、極秘にしておりましたので、見舞いに訪れたのはほんの僅かの人でした。私のいた有源山にいい水が湧き出ていまして、私は見舞いに行くたびに一升瓶にこの水を汲んで持参しました。その水で薬を飲むんです。このことは家内にも内緒にしていましたけれど、隠しおおせなくなって、「絶対秘密や」ということにして打ち明けました。

先生は十二月十三日にお亡くなりになるのですが、高野山で病を発せられて東京まで帰ることができませんでした。また東京に帰ったらいろいろな人が見舞いに来たりするので、極秘にしようということで大阪の病院に泊まられました。

私が水を汲んで持っていくたびに先生は言われました。

「この道縁は不思議だね」

道縁というのは道の縁です。縁にはいろいろあります。血縁あるいは近縁なんていうのもあるし、人間はいろいろな縁によって結ばれますが、その中に心縁という縁がある。心の縁です。その心縁の中に道縁というものがあるのです。今回の皆さんとの繋がりも心縁によるものであり、また『論語』というものを通じてできた道縁です。

先生は私が一升瓶持っていくたびに、「道縁は不思議だねぇ」と仰せられました。私は先生亡くなる前日、夕刻にまいりましたところ、ちょっと弱っておられました。私は先生の手を揉《も》んで、いろいろ話をしました。先生は八十六で亡くなられるのですが、赤ん坊のように柔らかい手をしておられました。真向《まっこう》法という健康法をずっとおやりになっていて、体が非常に柔軟であったのです。

前日に最後の別れのつもりであったのか、先生は私に体を預けたまま、こう言われました。

「道縁は無窮だねぇ」

無窮というのは「限りがない」という意味です。道縁というものは限りがない、と仰せられたのです。その翌日の夕刻に先生は亡くなられるのですが、その先生の導きによりまして、私は孔子さんのご子孫と非常に親しくするようになるのです。これもまた道縁の不思議です。

◉安岡先生の導きによって結ばれた孔子の子孫との縁

私と非常に親しくしたのが、孔徳成《こうとくせい》という方です。孔子から勘定して七十七代にあたる直系です。大陸では文化大革命のときに孔子の子孫をちょっと軽く扱いました。それで蔣介石総統が台湾に孔子の子孫を迎えられたのです。それが七十七代の孔徳成先生です。徳成先生のご子息の七十八代の孔維益さんは、残念なことに若くして亡くなりました。それでいまは七十九代の孔垂長《すいちょう》という方が中心になっておられます。

安岡先生が言われたように、道縁は不思議で、そして無窮です。『論語』は単なる理論的な教えに留まらないで、現実に七十九代続いているわけです。また、孔子の弟子の曾子の直系も今日に伝わっております。台湾には七十四代にあたる曾憲禕《そうけんい》という方がおられますし、大陸では曾慶淳《そうけいじゅん》という方が御廟のお守りをしています。この曾慶淳さんとは、私も非常に親しくさせていただいています。さらに孟子も孟祥協《もうしょうきょう》という七十五代の直系子孫が大陸で先祖の祭祀《さいし》を継承して、その教えを今日に敷衍《ふえん》すべく努力をしておられます。

二千数百年前には、秦の始皇帝による焚書坑儒《ふんしょこうじゅ》という思想統制で儒教はひどい目に遭いますけれども、これを滅ぼすことはできませんでした。最近は毛沢東が中国大陸を統合して、文化大革命というもので孔子の思想を撲滅《ぼくめつ》しようとし、孔子の子孫を随分迫害しました。けれども、毛沢東が亡くなってからほんの僅か後に、中国は一転するんです。文化大革命のときには、孔子という人は世界で最も悪い人だと学校で教えていたのが、一転して孔子という人は偉大なる教育者である、世界に誇るべき思想家でもあるというようになりました。

孔子の批判をやめた代わりに出てきたのが反日です。それを国家統一の一つの方策にしているんです。今頃共産主義を唱えても、そう共鳴する人はおりません。ご承知のように、共産主義をもって世界を制覇しようとしたソ連が自ら崩壊しました。何も外交の力によって崩壊したわけではない。内側から一瞬にして崩壊したのです。それで今回も随分孔子に対する評価が変わってきまして、他に批判の矛先がなくなったものですから反日を言うようになっただけで、これには何も特別な思想的背景があるわけではないんです。

そういうことで、現代ではもう孔子の教えが迫害されることはなくなりました。孔子の七十七代直系で孔徳成先生のお姉さん、孔徳懋《とくぼう》という人が北京におられますが、この人は一転して政治協商会議の議員にまつりあげられました。

ちょうど向こうでオリンピックが行われた前年に、私は大陸にまいりました。そのときに、北京で徳懋先生をお招きしてパーティーを開こうということになりました。ところが、その前に家に来てくれというので、私と二、三名の方が予定を変更して徳懋先生のお宅へ伺いました。そうしたら、伺うなり私の手を握って「私にはきょうだいが三人います。その一人は台湾にいる弟の徳成、もう一人は日本にいるあなたです」と言われました。年齢を聞いてみるというと、私が一番上で、徳懋さんが私より二つ下、それでもう一つ二つ下が台湾の徳成先生だとわかりました。だから「伊與田先生が一番兄さんですね」と。血縁ではないけれども道縁によってきょうだいの意識が生まれたんですね。

孔徳成先生の孫にあたる七十九代の孔垂長という方は、現在、孔子奉祀官《ほうし》として台湾政府から特別待遇を受けています。大陸と行き来できるようになったために、今年、孔垂長さんご夫妻と娘と息子が大陸を訪ねて、徳懋さんと対面しました。徳懋さんが二人の子を抱きしめて喜んでいる姿を写真に撮って私にも送ってくれました。孔子さんから二千五百年以上も後の子孫が道というものを通じてきょうだいのような交わりをするようになったんです。

数日前、思いがけなく徳懋さんから百歳のお祝いが届きました。福禄寿の布袋さんの大きな置物です。それを亡くなった家内の写真の前にドカンと置いています。そういう結び付きがいつの間にかできていきました。これは全く思いがけないことでしたけれども、道縁というものはそういうものなんです。

その縁を結んでくれた直接の方が安岡先生です。私が生駒に世界の『論語』の書物を蔵収する論語堂をつくったときに、徳成先生は大変に喜ばれました。それは台湾と日本が国交断絶して、台湾と大陸の関係もなかなかうまくいってない、国際情勢の非常に複雑なときでした。そんな中、徳成先生は私の論語堂の除幕式にお出でくださいました。

このときは皆さんが大いに準備をしたけれども、ビザがなかなか下りませんでした。「これはどうにもならない。もう中止するより仕方がないな」と思っていたところ、急にビザが下りました。その理由をよくよく調べてみると、ここにも安岡先生が関係しておりました。

台湾政府は、その当時の日本政府について不信感を持っていました。何しろ、いままで友好関係にあったものが急に国交断絶したわけですから、信用できないのも当然です。しかし同時に安岡先生と非常に関係の深いところがあったため、「政府は信用しないけれども安岡先生を信じてビザを出します」と言って出してくれたのです。それで無事、徳成先生は除幕式にお出でになられたのです。

そういうことで、孔子はいまから二千五百五十一年前にお生まれになった方ですけれども、そういう結びができて、私が百歳の記念に『論語』についてお話ししたいと思った次第です。ところが、たまたま目を怪我したことから、瞼の母をこよなく慕うようになったというわけです。皆さんには直接関係がないかもわかりませんが、私にとっては瞼の母と『論語』は深い関係を感ずるんですね。縁というものはそういうものです。時代を越え、民族を越えて、相通ずるものであります。

そういうことで次回は安岡先生と『論語』というお話を申し上げたいと思います。

第二講

わが師父・安岡正篤先生と『論語』のかかわり

◉母の大恩を思い、宇宙根源の働きに感謝する

前回も申しましたように、私は七つのときに母を失って、母の顔をはっきり覚えていません。ところが顔面に思わぬ怪我をして「瞼の母」という言葉を思い、母の恩というものをつくづくと感じました。生まれたときは何も知りませんでしたが、百年を経て、改めて深く母の恩を思い起こされたのです。「瞼の母」の大恩が、鏡を見るごとに一層ありがたく感じました。昔から「親の恩は、山よりも高く、海よりも深し」とよく聞かされてきましたけれども、怪我をしてみてそれを身に染みて感じました。

それとともに、母のお腹の中に十月十日あって育てられたわけですけれども、目をつくったり、鼻つくったり、耳をつくったりしたのは誰かということを思いました。それは母の力ではないんです。もっと大きな力が働いて、母というものを通じながら、僅か十か月の間にこの形になっていったのです。これは胎児に限りませんね。私の怪我にしても、先月から何も手当をしなかったにもかかわらず、一日一日内出血が薄く

なっています。これも私の力ではありません。何か知らないけれども、大きな働きがある。母を思うとともに宇宙根源の働きというものをしみじみと感じさせられまして、改めて天地のご恩といいますか、宇宙の働きに対して深い感慨を催《もよお》してきたわけです。

そういうわけで今回は、私の師父である安岡正篤先生と『論語』をテーマに、一つお話し申し上げたいと思います。

◉「孝弟」こそが人間の道の根本となる

人の縁は不思議なものでありまして、先ほども申しましたように、私は母とは七年の間しか一緒におれませんでした。父は私が三十歳のときに亡くなりましたから三十年の付き合いでしかありません。

ところが安岡先生とは私が二十歳、先生が三十八歳のときに知り合いまして、先生が亡くなられる八十六歳まで四十八年も親しくお付き合いさせていただきました。母よりも父よりも深い関係にあったのが安岡先生でした。

ところで、私は七歳で母を亡くしましたが、孔子さんという人は私よりももっと早く、二歳とも三歳ともいわれるときにお父さんを亡くしております。お母さんも孔子さんが十代のときに亡くなられたといわれておりますから、おそらく私が母の顔をよく覚えていないのと同じように、孔子さんもお父さんの顔を知らなかったのではないかと思います。

『論語』を開くと、初めに「孝弟」について書かれた章が出てきます。

有子《ゆうし》曰《い》わく、其《そ》の人と為《な》りや、孝弟《こうてい》にして上《かみ》を犯すを好む者は鮮《すく》なし。上を犯すを好まずして亂《らん》を作《な》すを好む者は未《いま》だ之れ有らざるなり。君子は本《もと》を務《つと》む、本立ちて道生《みちしょう》ず。孝弟なる者は、其れ仁《じん》を為すの本か。（学而第一）

【解釈】

有先生が言われた。

「その人柄が、家に在っては親に孝行を尽くし兄や姉に従順な者で、長上に逆らう者は少ない。長上に逆らうことを好まない者が、世の中を乱すことを好むことはない。何事でも先ず本を務めることが大事である。本が立てば、進むべき道は自ずから開けるものだ。従って孝弟は仁徳を成し遂げる本であろうか」

有子という人は孔子の門人で、姓は有、名は若、孔子より十三歳年下です。早くから孔子に付いた弟子で、非常に孔子に似たタイプであったといいます。行いも立派で、孔子を失った後、弟子たちが相談をして、有子を孔子の跡継ぎとして盛り立てて教えを広めて行こうとしたといわれています。それほどに孔子を類推できるような弟子であったわけです。

私も中国の曲阜《きょくふ》に行って孔子廟にお参りをしたとき、近くに有子の墓がありましたのでお参りをして、しみじみとこの人を偲んだことがあります。

有子は、立派な人物というものは「本を務める」と言っています。人生における一番の根本は「本」であって、「本」がしっかり立つことによって、そこから本当の道というものが生じてくると言っているのです。

その道の中に「親には孝、兄や姉には従順である」という孝弟（孝悌）というものがあります。孝弟は「仁」という孔子の教えの中核をなす徳目を行うための一番の根本である、と有子は言うのです。これは孔子の教えを有子が代弁して語っていると受け取っていいでしょう。

◉人間はそれぞれの立ち位置を持っている

「本立ちて道生ず」——何事によらず根本が立つということが大事なのです。そして人間の道において一番根本となるのは孝弟である。一番身近な親には孝、そしてきょうだい、兄や姉には従順である。いわゆる年上の者に素直に従うということです。

最近は、人間はみんな平等だ、兄も弟もあるか、年寄りも若い者も同じ人間だという風潮で、孝弟の区別がだんだん不明確になってきています。しかし、兄でも弟でもないとか親でも子でもないというような抽象的人間はどこにも存在していないでしょう。

我々は人間関係において社会を構成しているのですから、皆、それぞれの立ち位置を持っています。親に対しては子であり、子に対しては親である。いくら歳を重ねようとも親のもとに行ったら子でありますし、自分の子のところに行ったら親になります。兄弟でいえば、兄に対しては弟であり、弟に対しては兄である。すべてに平等な人間なんていう抽象的存在はどこにも存在していないのです。

子供ができたら親になる。それでも親の前に行ったら子供ですから、親の言うことは聞くんですね。今度は子供の前に行ったら親ですから、ちょっと権威を持たなくてはいけない。そういう使い分けをするのが人間のあり方です。

最近のように核家族が非常に増えてきますと、それがわからなくなってしまうところがありますね。親子の関係は出てくるかもわからないけれども、自分の親の前に行ったら子供だというところがわからない。

昔の人の大部分はそれがわかっていましたから、「孝弟なる者は、其れ仁を為すの本か」と言っているわけです。

「本立ちて道生ず」――何事によらず根本が立つということが大事なのです。そして人間の道において一番根本となるのは孝弟である。一番身近な親には孝、そして兄弟、兄や姉には従順である。いわゆる年上の者に素直に従うということです。

その次にも同じようなことが書かれています。

子曰《のたま》わく、弟子《ていし》、入《い》りては則《すなわ》ち孝《こう》、出《い》でては則ち弟《てい》、謹《つつし》みて信《しん》、汎《ひろ》く衆を愛して仁に親しみ、行いて餘力《よりょく》あれば、則ち以て文《ぶん》を學《まな》べ。（学而第一）

【解釈】

先師が言われた。

「若者の修養の道は、家に在っては孝を尽くし、世に出ては長上に従順であることが第一である。次いで言動を謹んで信義を守り、人々を愛し、高徳の人に親しんで、余力があれば詩書などを読むことだ」

ここでも、家においては親に孝行を尽くし、世の中に出ては年上の人を大切にして素直にものを聞く、とあります。これも「孝弟」の大切さを言っているわけですね。

◉伝説として語り継がれる中学時代の安岡先生

安岡先生も、なんら我々と変わらないところがありました。すでにご承知の方も相当おられると思いますが、安岡先生のご先祖は尾張出身の堀田弥五郎正泰という人です。堀田家は武士の家であり、いまから約六百七、八十年前の南北朝の時代に南朝に与《くみ》しました。

南朝と北朝が相争ったとき、南朝を助けたのが楠木正成です。正成は湊川の戦いで亡くなりますが、そのときに子供の正行《まさつら》を残して死んでいきます。この正行もまた南朝を助けて、最後には私も長らくおりました四條畷というところで足利勢と天下分け目の戦いを行って敗れ、ついに亡くなります。その楠木正行を助けるべく、尾張から四條畷まで援《たす》けに来て戦死をするのが堀田弥五郎正泰であります。それでいまは、楠木正行と同じく、四条畷神社に祭られているのです。

そういうご先祖がありましたので、安岡先生は次男の方に「正泰」という名前を付けられました。正泰さんはもう相当年配になられましたが健在であられます。

その途中をお話すると長くなるから略しますが、要するに安岡先生は尾張から大阪へ出られて、堀田弥五郎正泰のことを思いながら四条畷中学校に学ばれるのです。前回もお話ししたように、安岡先生は中学時代を特待生として過ごされました。中学校のときの先生の成績表を見せてもらうと平均点が九十八点でした。四条畷中学校にはもう一人特待生がいましたが、平均点は九十二点ですからかけ離れています。四条畷では空前絶後といいますか、それだけの成績を修めた者はいないそうです。

平均点九十八点ということは、ほとんど全部の科目が百点です。一科目だけ、音楽だけ八十点であった。音楽の試験をするときに先生から教えられたとおりに歌わずに、自己流に歌ったから八十点になったというわけです。しかし不思議なもので、この音楽の先生は安岡先生を非常に高く評価して、堀田家から安岡家へ橋渡しをされるのです。これはすでにお話しいたしました。

この中学生時代にはいろいろなエピソードが残っております。漢文はとくに優れておられたようでありまして、大正天皇がご即位のとき、ご即位式を寿《ことほ》ぐ長い漢詩をつくられたのです。その内容たるや本当に深みがあって、漢文の先生が感動して「百二十点やりたいと思うけれども、百点が満点だからそれ以上は付けるわけにいかん」というので、やむを得ず百点にしたそうです。そういう素質的にも優れたところを持っておられました。先生のお父さんも学問のある方ですので、小さい時分から古典の素読をずっとされていました。ですから、もう小学校の時分には『論語』『大学』『中庸』などは暗唱していたということです。

それから、どういうことか成績表を見ますと欠席が非常に多いんです。そんなに欠席が多いのに特待生です。特待生というのは学業成績もよろしいけれども、品行もよくなくてはいけない。そして皆勤といいますか、学校を休まない、そういう人が特待生になるものですが、先生は非常に欠席が多い。「なんでこんなに欠席が多いのに特待生ですか」と聞きましたところ、先生は言われました。

「いやいや、あれはね、学校へ行くべく家を出たら、途中にある春日神社の宮司の安《あ》積《さか》艮斎《ごんさい》宮司につかまって『まあ、学校へ行く前にわしのところに来い』と家の中に引き込まれて、『酒を買ってこい』と言われたので酒を買ってきて、ちびちびやりながら漢詩を教えてもらっていたんだ」

この春日神社というのは奈良の春日神社のもとになるお宮で、大阪にあるんです。そういうふうにして先生は非常におおらかな中学時代を過ごされたわけであります。

それから剣道はずば抜けて良くできて、近畿一円の中学校主催の剣道大会では優勝旗をさらったこともありました。ですから、文武両道の方でした。非常に人に親切で、よく学ぶものですから、試験になると上級生が先生にいろいろと教えを受けにくるというようなこともあったようです。

◉「処士」として一生涯を過ごす

中学卒業後、先生は一高から東大に進まれて学ぶわけでありますが、その頃は田舎の中学校からストレートで一高、東大に行く人は非常に少なかったそうです。その点、先生はいわゆる秀才コースを通るわけでありますが、東大を卒業してからも就職をしませんでした。法学部の政治科を出ていますが、政治の世界にも入らないし、実業界です。全く無位無冠で自らの道を歩もうとされたのにも入らないし、教育家にもならない。全く無位無冠で自らの道を歩もうとされたのです。

こういう人を「処士」というんです。処士というのは、家にいて世のため人のために尽くす人を言います。草莽《そうもう》の臣という言葉もありますが、先生はこの処士道を歩んでいました。ですから、あまり目立たなかったわけであります。

ところが土地の人は、一高、東大にストレートで行った優秀な人だから卒業したらどれだけ成功するかと非常な期待を寄せていました。しかし卒業後、先生の名前はあまり聞こえてこない。それでちょっと拍子抜けしたんですね。「あいつ、あんなに優秀だったけど何をしよるんや」と。

そのときに先生のお母さんが病気になりました。先生は東京を密かに離れ、故郷に帰ってお母さんの傍で誠心誠意看病をされました。誰にも告げずに急にいなくなったものですから、東京の親しい人々は「あいつ、どこへ行ったんだ」と探し回りました。しかし、さっぱり行方がわからない。

そのうちに東京で交わりのある方が「お母さんの看病で故郷に帰っているらしい」

ということを嗅ぎ付けました。すると、見舞い状は来るわ、見舞いの品物は送られてくるわ、中には本人が訪ねてくるわ、ということになりました。それを見て土地の人たちも「ほう、この子は何にもしていないと思っていたけれども、東京ではいい顔なんやな」と感心したそうです。

けれども、先生の看護の甲斐もなく、お母さんは亡くなります。いよいよ葬式になりました。私も後年、先生のご両親のお墓にお参りをいたしましたが、家からお墓までは随分距離があるんです。ところが、そのお葬式のときは、家から墓まで列が切れることなく弔問《ちょうもん》する人たちが続いたといいます。土地の人は「ほう、やっぱり、あいつ、やりよるな」と驚いていたそうです。

安岡先生が亡くなられて青山斎場で葬儀がありました。そのときも全国から人々が集いました。葬儀委員長が岸信介元総理でありました。そして歴代総理のうち、中曽根現総理（当時）はもちろん健在な方は全員お見えになりました。亡くなった方は奥さんがご主人の代理として見えました。財界からも主だった方々が多数お見えになりました。

ところが祭壇は非常に質素なものでした。というのも、先生は非常に優れた学識を持ちながら、学位も持っておりませんし、勲章も受けていなかったからです。ただ一つ、いまでも強く印象に残っているのは、天皇陛下からの祭祀料というようなものが祭壇の中央に供《そな》えられていたことです。

このように、先生は自らを世に現そうとは思わなかったけれども、自ずから現れていった人でありました。

◉「平成」という年号が決まるまでの裏話

先生は終戦の詔勅《しょうちょく》に筆を加えられましたことで知られています。そして現在の「平成」という年号は先生がお考えになったものです。ここで、この年号についてのお話を少ししてみたいと思います。

私は先生が大阪に来られれば必ずお会いしておりました。五十年近く、車でご案内をして、いろいろなお話を直接伺いました。年号のことは、最初は佐藤栄作総理の頃に、佐藤総理から「陛下もだいぶお年だから、ぼちぼち年号を考えておかなければいけないだろう」ということで頼まれたように記憶しています。「やってみたら、なかなか煩《うるさ》いもんや」と話されたのを覚えております。

ところが、ちょうど先生は病気で順天堂病院だったかに入院をして、手術をされて絶対面会謝絶ということになってしまいました。私は近くまで行った折に会いたいと思って病院を訪ねました。面会謝絶ではありましたが、せっかく来たのだから顔ぐらい見るのはいいだろうということで病室に通されました。すると、先生、意外に元気でした。そのときには「実はいままで法制局長官が訪ねてきていて、長時間、年号のことについていろいろ相談を受けたんや」という話を伺いました。けれど、それ以上は何もお話にはなりませんでした。

その後、いよいよ昭和天皇がお亡くなりになって年号を制定するということになりました。当時の総理大臣は竹下登さんです。年号制定委員というものができて、「これぞ」という人が選ばれて新しい年号をつくることになりました。そこでは過去に出された案でいいものがあってもそれは取り入れずに、現委員が制定するという内規がありました。

ところが、いろいろな意見が出て、なかなか決定できない。それで結局、総理の金庫の中にしまってあった安岡先生の案に決定したのです。

それを私が直接聞いたのは、東大の教授であった宇野精一先生からです。あの方も制定委員でした。宇野先生は「自分も候補を出したけれどそいつは決まらないで、結局、内規を破って安岡先生の案に決定した」というようなお話をされました。それで「平成」と名を付けることになったんです。

しかし、安岡先生は終戦の詔勅に筆を加えたとか、あるいは年号を決めたとかいうことについては決して他言されませんでした。あの終戦の詔勅は、迫水久常《さこみずひさつね》書記官長がばらしたために、いまでは安岡先生の手が加わったことが知られるようになりました。年号のほうは、当時の小渕《おぶち》官房長官が「平成」という字を明らかにしましたが、竹下総理が「あれは安岡先生の考えだ」と言われたものですから、そういうふうに知られるようになったんですね。ただ、いずれも先生ご自身では自ら功を衒《てら》うようなことは一切なさらなかったのです。

◉安岡先生の生き方を通じて孔子の教えを改めて思う

その安岡先生が亡くなられてから約三十年、年と共に先生の存在がクローズアップされるようになってきています。だいたい有名人でも、亡くなって三十年にして人々の心の中に生きていく人は少ないものです。大会社の社長というけれども、三年、五年は社内で声を掛け合ったとしても、社外において名が残る人は少ないでしょう。それが安岡先生は三十年にしてなお名が残り、それもだんだん人の心中に蘇ってきつつあります。

飛ぶ鳥も落とすような人でも、亡くなって十年もしたら人から忘れられておるというケースがわりあい多いんです。三十年、五十年、百年と時間が経つうちにだんだん人々の心の中に生きていくというのは稀なことです。弘法大師《こうぼうだいし》は千二百年前の人ですけれども、いまでも生ける人に接するが如く、高野山には毎年何百万人という人が登っています。孔子は紀元前四七九年に亡くなっておりますから、もう亡くなって二千五百年ほど経ちますが、いまでも多くの人に思い出されております。

今日も「安岡先生と『論語』」という題でお話ししておりますが、何もこれ、孔子さんから頼まれて話しているのではありません。安岡先生からも頼まれているわけじゃない。だけれども、そういうふうに長い間、忘れられずに生き続ける人もいるんです。

そういうわけで、安岡先生は『論語』の一番根本であるところの「孝弟」、しかもその中の「孝」を、言葉で説くのではなくて行動で示されました。世の中の交わりを断って、長い間、お母さんの看護をされた。だから安岡先生を通じて、孔子の教えというものを見ることができるわけであります。

終戦の詔勅や年号をつくったとか、歴代総理の指南番であったというように外面的なことではなくて、根本的な部分、『論語』にいう「本立ちて道生ず。孝弟なる者は、其れ仁を為すの本か」ということを実践されたところに、私は安岡先生を通じて『論語』を偲《しの》び、そして孔子への思いをまた強くするのです。

◉親の代から孔子に師事していた曾子

この孔子の教えをもっとも素直に受け継いだ人が、曾子というお弟子さんです。孔子を「至聖」と呼ぶのに対して、これを受け継いだ曾子は「宗聖」と呼ばれます。「宗」というのは本家ですから、本家を受け継ぐ聖人という意味です。だから孔子が亡くなった後で曾子の言った言葉は、そのまま孔子の言葉だと受け取っても大きな間違いはないといっていいいと思います。

曾子は、姓は曾、名は參、字《あざな》は子輿《しょ》と言います。孔子より四十六歳年下の若い弟子でした。曾子の「子《し》」とは「先生」という意味です。『論語』では頭に何も付かずに「子」と出たら、必ず孔子を指します。だから「子曰《のたま》わく」とは、「孔子が言われるのには」という意味になります。一方、姓の下に付いた「子」は、その人への尊敬を表します。曾子ならば「曾先生」という意味になるわけです。『論語』の中で「先生」と呼ばれる弟子が四人おりますが、その中の一人がこの曾子です。

余談になりますが、「子」が字《あざな》の上に付いている場合もあります。たとえば子夏という弟子がおりました。この「子」は「先生」という意味ではありません。「夏」が字ですが、その上に「子」が付いたら、これは男を表すのです。子夏というと「夏さん」という意味です。逆に、「夏」の下に「子」が付いたら「夏子《なつこ》」という女の人の名前になります。

昔はやんごとない人、相当身分の高い人の娘に「子」が付きました。「夏子（かし）」と書けば本来は「なつこ」という女の人の名前ですが、この場合は「子」に敬意を含んで「夏子さん」となります。

その当時は一般の人の名前には「子」が付きませんでした。女の子ならば「はな」とか「なつ」とか「とら」というような名前でした。日本では名前の上に「お」を付けて「おはな」「おなつ」「おとら」というふうになりました。ですから、女の人で「子」が下に付く場合は、それは高貴な女性であって、「子」は敬語の意味を持っていたというわけです。いまでは一般の人でも「子」が付く人はたくさんいますが、本来はそういうものであったのです。

さて、この曾子のお父さんは曾晳《そうせき》という人でした。この曾晳もなかなか立派な人でありまして、孔子が孔子学校をつくられた早い時期に入門した弟子でした。教育というのは家庭環境が非常に大切です。曾晳は孔子を非常に尊敬していましたから、おそらく家に帰っても孔子の話を家族に聞かせていたでしょう。そのために孔子を尊敬するような家庭的雰囲気ができていたものと思われます。

そういう中で、曾子が育っていくんです。家庭的環境というものは目に見えませんが、まことに大きなものです。

孔子に先立って亡くなりますが、顔回《がんかい》（顔淵《がんえん》）という弟子がいました。曾子の先輩にあたる人です。この顔回も立派な人でしたが、お父さんの顔路は曾晳と同様、早いうちから孔子に師事していました。

このように親が先生を非常に尊敬して、家に帰っても、しょっちゅう先生の噂をすると、知らず知らずのうちに家族が先生を尊敬するようになります。家庭の雰囲気がそうなるんです。

そうした中に育っていった者がある一方で、家庭環境とはあまり関係なしに、ぽつんと単独に、孔子が有名だからといって入門してくる者もありました。こういう人は多いんです。立派な先生にお目にかかって非常に感動をして入門する。これも結構な心掛けです。

しかし、家に帰ってから先生の噂話をしょっちゅう家族にする。ご主人が学んだら、それを奥さんに、息子にしょっちゅう話しているというような中から育ってきた子というのは、骨に、体に、先生の話が沁《し》み込んでいきます。だから自分が直接先生に教えを受けるようになると、初めて教えを受ける者とは自ずと違ってくるのです。曾子は孔子を尊敬する父親の曾皙が絶えず先生の噂をしていましたから、直接に孔子から教えを受ける前に、もうすでに先生のことをよく知っていたわけです。

これは商売でもそうだと思います。皆さんの中には商売をしておられる方もありましょうし、会社に勤めるサラリーマンもおられましょう。仕事はいろいろあろうと思いますが、家で商売をしている人の子供はやはり商売人的な雰囲気ができてきます。ところがサラリーマンの家では、ご主人は会社で随分苦労していたとしても、子供には親の苦労がわかりにくい。だからサラリーマンの家庭に育った子供がいきなり商売人になるというのは、なかなか難しいことでしょう。儲けたり、損したり、そういう金の話をするのがちょっと汚らわしいと思うようなこともあるかもしれない。そういう家庭的雰囲気の違いは非常に大きな影響を子供に与えるものだと思います。

安岡先生も非常に立派な人でしたから、先生を尊敬してその言葉に従おうという方はたくさんおりました。しかし、家に帰ってまで先生の噂をするような人はわりあいに少ないようですね。だから、自分は立派だと思って尊敬しているけれども、家族にまでそれが及んでいないのです。

顔回や曾子は孔子の優れた教えをそのまま伝えようとした人ですが、彼らは父親が孔子の教えを家族に伝えるような雰囲気の中から育ってきた人だということを一つ頭に置きながら見ていくことが大切です。

◉素直な心と実行力を持った曾子だから孔子の教えを体得できた

曾子は曾皙という父によって孔子の教えが浸透している家庭に育った人でしたけれ

ども、ちょっとおっとり型で、秀才型の人ではありません。孔子の弟子には非常に優れた人が多かったのですが、その中にあってあまり目立たない、うだつの上がらない弟子でした。

『論語』をお読みになるとわかるかと思いますが、秀才の代表は子貢というお弟子さんです。手八丁口八丁で非常に目立つ人でした。それに対して、曾子という人は孔子からも「魯なり」と評されています。「魯」というのは、ちょっと鈍いということです。楫取り《かんど》り（物事がうまく運ぶように、誘導・指揮すること）もちょっと鈍く、行動もちょっとぬるぬるしている。

というわけで、子夏とか、子游とか、子張とかいう、だいたい年齢的に同じぐらいの非常に優秀な人たちと比べると、あまり目立ちませんでした。一方で、非常に素直で実行性に富んだ人でしたから、孔子は、それはそれなりに曾子を見ていたんですね。曾子も孔子を本当に心から尊敬し、従順したのであります。

子貢という人は非常に楫取りがいいものですから、ちょっと話を聞いただけで意味がわかるし、書物を読んでもすぐに理解する。だから、よそへ行って話をすると「この子貢というのは偉い人だ」と評判になりました。それと比べると曾子は鈍い人でしたけれども、なかなかわからないのでわかろうと思って努力をしました。そして、その努力をした最後ギリギリのところで閃《ひらめ》きが起こるんです。頭のいい人はこの閃きがありません。すぐにわかるから物事を究極的に突き詰めていこうという人が少ないんです。閃きのある人は、あまり頭がよくない人が多いようですね。

ノーベル賞を受けるような人でも、最初からわかっているわけではありません。なんべんも実験を繰り返してもわからない。もう最後のギリギリのところで閃く。頭のいい人だから閃くわけではない。ちょっとおめでたいなと思うような人が一所懸命やっているうちにピーンと響く。それが世界的発明になっていくわけですね。

松下幸之助さんは小学校が四年の時代に卒業ができず、四年生の末の正月前に小学校を中退して大阪の火鉢《ひばち》屋に丁稚奉公《でっちぼうこう》に入った人であります。非常に頭が良かったというのではなくて、非常に苦労をして、その苦労の末にビジネスで閃くものがあった。それが大松下をつくっていく根本となったんです。

私は、ここ十二年間、毎月、松下さんが中心になってつくった京都の霊山《りょうぜん》歴史館というところで全国から集まる中小企業の社長さんの勉強会の講師としてまいっておりますが、その応接間に松下さんの写真と四十五冊の全集が置いてあります。全集はすべて松下さんの言葉からなっておりますが、その中で絶えず松下さんが言っているのは、「素直な心」ということと「閃き」ということです。

一昨日でしたか、松下電器の四代目の社長をしていた谷井（昭雄）さんが、私の百歳の祝いに来てくれて、一緒に食事をしました。そのときに「素直な心というのはどういうものですか、『論語』のどこかに書いてありますか」と聞かれました。その話をすると時間がかかってしまいますけれども、曾子という人はまさに素直な心を持った人で、最後は孔子の教えを閃きで体得した人だと私は申したんです。

◉人に影響を与えるために自分をたびたび省みる必要がある

曾子《そうし》曰わく、吾日《われひ》に吾《わ》が身を三省《さんせい》す。人の為に謀《はか》りて忠《ちゅう》ならざるか、朋友《ほうゆう》と交《まじわ》りて信ならざるか、習わざるを傳《つた》うるか。（学而第一）

【解釈】

曾先生が言われた。

「私は毎日、自分をたびたび省みて、よくないことはぶいておる。人のためを思って真心からやったかどうか。友達と交わって嘘偽りはなかったか。まだ習得していないことを人に教えるようなことはなかったか」

これは曾子の言葉ですけれども、「日に吾が身を三省す」というのは「毎日、自分をたびたび省《かえり》みる」という意味です。この「三」は三度という意味ではなくて、「たびたび」という意味になります。

では、何を省みるのか。その内容はというと、まず「人の為に謀りて忠ならざるか」ですから「人のことを思って本当に真心からやったかどうか」を省みる。この「忠」は「真心」です。後になると君に対する真心を忠というようになりますけれども、この時分は自分に対する真心を忠といいました。ですから、人に親切をしているけれども、それは本当に真心からやったかどうか自分を省みるというわけです。

次に「友達と交わって信ならざるか」を省みる。「信」は人偏に言と書いてあるように、言ったことは必ず行うということ。ですから、友達といるときに嘘偽りはなかったかどうかと省みる。

最後に「習わざるを傳うるか」を省みる。「習う」ということは先回も申しました。雛鳥《ひなどり》が巣の中にあって、親鳥の飛ぶ様子をじっと見ながら、自分もそのようになりたいと思って数えきれないくらい羽ばたきの練習をする。理屈ではなくて体で受け取るというのが「習熟」ということです。いくら理屈でわかっても、空を飛べなければ意味はないんですね。

けれども、空を飛ぶというのはなかなか大変なことです。人間でも寝返りができない子供が初めて寝返りを打ったときとか、あるいは座ったとき、立ったとき、一歩歩いたときの喜びは大人にはないものでしょう。小さな子供はものがはっきり言えませんから、「嬉しい」と言葉に出しては言いませんけれど、その喜びは大変なものであるでしょう。

私の長男は長いこと言葉を発しなかったんです。「ちょっと異常じゃないか」と心配しました。耳は聞こえたのですが、ものを言わない。ところが、あるとき茶瓶を引っくり返して火傷《やけど》をしました。そこで初めて「痛い」と声を出しました。そのときの状況を私は手に取るように覚えています。それまでものが言えなかったのに、「痛い」と言った。火傷をしたら痛いということがわかった。それからは「火を用心せよ」と言わなくとも、火に近づかないようになりました。

そういうことで、「習わざるを傳うるか」とは、「自分がまだ習熟していないことを人に伝えるようなことはなかったか」という意味になります。我々は本を読んでいろいろな知識を得ますけれども、それは頭で受け取っているだけで、体全体で受け取っているわけではありません。しかし、人にものを教える場合には、まず自分がしっかり体得して、自信を持って教えるということが大事だといっているんです。

曾子はやがて先生になる人です。教えるという立場になると、うろ覚えでも教えなければならないことがあります。しかし、ここで言うように、人に教える場合には、まず自分がそれを体得してから伝えるのが本来です。そのために、「習わざるを傳うるか」（自分で体得しないことを人に教えるようなことはなかったか）と我が身を省みる。あるいは「傳えて習わざるか」、体得しないまま、本を数冊読んだぐらいで教えるようなことがなかったかと省みることが大事です。

今日の学校の先生は自分よりも常に下の者を教えるので、数冊の書物あるいは参考書を読んで伝えているケースがわりあいに多い。自分で「これは」と納得をして、「間違いない」ということで人に教えるというのは、言うべくしてなかなか難しいことです。体得しないまま教えたとしても全然無用だとは言えませんが、それでは本当に人に影響を与えるのは難しいでしょうね。

◉「反省」と「省略」が人生の一番の根本になる

いずれにしても「省」ということは非常に大切です。この「省」に二つの意味があることは皆さんもご承知でしょう。一つは振り返って「反省」する。もう一つは振り返って「これはいらない」「これはいる」と振り分けて、いらないものは省く。これを「省略」といいますね。「反省」の場合には「せい」と読む。「省略」という場合には「しょう」と読む。読み方も二つあります。

いわゆる「反省」というのは「かえりみる」ということです。自分のやっていることが本当に真実であるかどうかを常に振り返ってみる。これは「反省」の意味の「省」。しかし、反省するだけでは十分ではない。反省して、良いことは残し、悪いことは省いていく。これが「省略」です。

反省と省略は我々の生活において非常に大切なことです。人生において一番の根本になるのが、この「省」です。ただし、省みるだけで省くという行動がなければ五十点といってもいいでしょう。

役所の名前に、文部科学省とか防衛省とか「省」が付いていますが、あれは省くという意味です。役所の大きな役目は省くことなんです。複雑になっていくものの中から不要なものを省いて解決していかなければいけない。いっぺん作ったものをなくすのは容易ではありません。

ですから、会社にしろ、役所にしろ、常に省くということを忘れてはならないのです。

しかし、実際は難しいですね。役所でも何か変更するといったら大変です。必要に応じていろんな部門ができますが、時間が経つにしたがって必要なくなった部門もたくさん出てくる。そのときにこれを思い切って省くことが大切ですけれども、なかなかできないのが実際です。

大阪で府と市が合体するということが話題になりましたね。あんな小さな大阪府の中に同じような役所が二つもあって、仕事の内容も重なっていることが多い。だからあれを一つにして不要なものを省けば、費用的にも安く済んで経済的にも効率がいいではないかというわけです。しかし、いっぺん続いたものはなかなか改善しにくいものですね。

安岡先生は、もう数十年前、私のまだ若い時分に大阪へ呼ばれてこられました。その頃も大阪府と大阪市がいがみ合っていたんです。知事に言わせれば、大阪府は政府の直轄ですから大阪市よりも地位が高い。大阪市のほうは府の下にある、と。ところが大阪市は日本の経済の中心とも言われるくらいで財政が豊かでした。だから給料でも大阪市のほうがはるかに高かったんです。大阪市長の給料は時の総理大臣よりも上でした。府のほうは権力こそ持っているけれども給料は安い。ということで、絶えず府と市の間に軋轢がありました。

それをなんとか和らげようと、時の大阪府知事と大阪市長が相談をしました。その結果、宥和政策として安岡先生をお招きして、大阪府と大阪市の部長以上、あるいは課長の上のほうを集めて先生のお話を聞く会を開くことになりました。それで先生は毎月のように大阪に来られてお話をされたわけであります。それによってだいぶ府と市の間にあったわだかまりが気分的に溶けるところもありました。しかし、いまはまた元に戻って同じような争いをやっている。

この例からもわかりますように、省くことは難しいんです。いっぺん決まったこと、昔からあること、これを変えるというのはなかなか容易ではない。けれども、曾子は絶えず自分の生活のうえにおいて「反省」と「省略」を疎かにしませんでした。それが「吾日に吾が身を三省す」という言葉です。

◉未成熟な曾子の中にダイヤモンドの輝きを見た孔子

孔子が七十二歳のとき、曾子は二十六歳になっていました。孔子はこの二十六歳の青年を自分の心がわかる弟子として非常に重用します。曾子もまた孔子が亡くなった後、先生の言葉に沿って随分努力をされて、孔子の孫のまだ年若い子思を我が子のように薫育するのであります。

これもお話ししましたけれども、私はいまからざっと二十年ほど前に孔子と曾子の直系の子孫を日本にお迎えしました。孔子と曾子の子孫は蔣介石総統が台湾に迎えて保護をしたため、本家は台湾に移っています。孔子の直系が七十七代の孔徳成という方で、曾子は七十四代の曾憲禕という方です。

私は山に安岡先生の詩碑をつくったんです。山の中から大きな石を運び込んで先生の詩を書いて詩碑をつくった。その除幕式に孔子七十七代の孔徳成先生と、曾子七十四代の曾憲禕先生をお迎えしたのです。徳成先生は息子さんを連れてまいられました。

曾先生のほうは奥さんを連れてまいりました。曾先生のもともとの奥さんは大陸におられましたが、大陸と台湾に引き離されたものですから、台湾で再婚をされて、その新しい奥さんと共に来られたのです。

両先生ともえらく喜んで来てくださいましたが、二千五百年前の師弟がいまでも同じような関係を持っておられるのを見て、えらいものだと思いました。そういうことで、孔子の教えは曾子によって後世に伝えられて、今日に及んでいるのです。

孔子という人は、よく人を見る目があったと思います。当時の曾子は僅か二十六歳の青年です。若いお弟子さんが集まっているところにたまたま孔子がやってきて、曾子を名指しで「参や、吾が道は一以て之を貫く」と言ったわけですね。そうしたら、曾子はたった一言「唯」、つまり「はい、そうでございますね」と言いました。たった一言ではありましたが、ここで先生と弟子の間に心の通じ合いがあったんです。こういうのを以心伝心といいます。表面的なものではない心の通じ合いです。

そのとき、まだ未成熟の粗削りの青年の中に、孔子は本当の道というものがあるのを見たわけです。石の中に燦然たるダイヤモンドが含まれているのを見抜いたのです。

これを見出した孔子も偉大ですけれども、それに応えた曾子も大したものです。そのような以心伝心の心の通じ合いがあったから、先にも申しましたように、曾子の言葉は孔子の言葉を表現しているということができるのです。

◉七十にして自らを「論語読みの論語知らず」と語った安岡先生

三省に話を戻しますと、三省堂という本屋がありますが、この「省」という文字は、人生の最も重要なことを表す言葉であります。安岡先生もこの「省」ということを非常に喧《やかま》しく言われました。

安岡先生に『論語の活学』という書物があります。すでにお読みになられた方もあろうと思いますが、この『論語の活学』を読むと安岡先生が『論語』をいかに見ておられるかについてよく知ることができます。

この本の中に「論語読みの論語知らず」という、安岡先生が七十の時に話された講話が載っています。我々門下生からしますと、先生は孔子さんにも匹敵するような優れた方でありましたので、時には無批判的に受け入れておりました。その頃、ちょうど先生が七十歳を迎えたのを機に大阪で講演をお願いいたしました。その主なる対象は青年です。そのときの講演の題目が「論語読みの論語知らず」でした。ちょっと変わった題でありましたので、おそらく先生は「一般の人は『論語』を読むけれども『論語』を本当に理解し実行する人は少ない、『論語読みの論語知らず』である」ということを、とくに青年に向かって話すのであろうと私は受け取りました。

ところが、話は意外なものでした。先生は一般の人を云々するのではなくて、「孔子も『七十《しちじゅう》にして心の欲する所に従《したが》えども、矩《のり》を踰《こ》えず』と言っておられるが、自分は七十になってみてやっと『論語』がわかってきた。いままでも『論語』を随分読んできたけれども、間違って理解していたことが多かった」というようなお話をされ、自分が恥さらしをしてきたというふうに語ったのです。

安岡先生ほどのお方が七十にして反省をしてみて、あまりにも『論語』のことがわかっていなかったと話された。「論語読みの論語知らず」という講題は人を責める言葉ではなくて、先生が自分自身について言ったことであったわけです。

世間から見ると雲の上にいるような立派な先生が「自分は『論語』がいままでわかっていなかった。『論語読みの論語知らず』は自分のことである」と話されたのですから、本当に驚きました。決して自己満足することなく、七十の年にそういうことを謙虚に語れる人だったという驚きです。私はこのときのお話を聞いて、安岡先生は反省ということを年取ってからも疎かにしなかった人だったのだと一層深い感銘を受けました。

◉澄んだ心の鏡に照らして自らの過ちを明らかにする

孔子は「吾十有五《われじゅうゆうご》にして學に志し、三十にして立ち、四十にして惑わず、五十にして天命を知り、六十にして耳順《みみした》がい、七十にして心の欲する所に従えども、矩を踰えず」（爲政第二）と申しております。孔子という人は生まれながらにして聖人のような人だったと思う方もあるかと思いますが、孔子自身は迷うことも多かったのです。「四十にして惑わず」と言っていますから、三十代までは非常に迷ったのでしょう。

そういう迷いを持つ人にして初めて悟ることができるのです。悟りは迷いのあるところに生まれるものなのです。

ところが、四十になってみたら迷わなくなったと『論語』の中に書いてある。私は漫画を描けませんが、漫画家の先生に聞いてみると、三十代までの人の顔はなかなか描きにくいそうです。しょっちゅう顔が変わるというんですね。それは迷いがあるからです。ところが、四十になるというとだんだん物事が落ち着いて固まってきて迷わないようになる。ですから四十のときを「不惑」という。惑わないということです。孔子もそう言っています。

孔子が『論語』の中で自分を本当に語っているところはここなんですね。孔子は十有五にして学に志した。そして三十にして一つの自信を得て立ち上がり、四十になって確乎不抜《かっこふばつ》と言いますか、惑わないようになった。その結果として五十にして天命を知り、六十にして耳順い、七十にして心の欲する所に従えども矩を踰えずという融通《ゆうずう》無碍《むげ》の境地が拓けて聖人の如くになったのです。『論語』を読む人にしてこの孔子自身の述懐を知らない人はいないはずです。

ところが、『論語』の中にこれとは矛盾する言葉があります。それは「我に數年《すうねん》を加え、五十にして易を學べば、以《もっ》て大過《たいか》無《な》かるべし」（述而第七）という言葉です。もう四十にして迷わないと言っているのに、五十になって易を学んだら今までのような過ちを犯すことはない、だから易によってそのすべを学ぶと『論語』の中に書いてあるのです。

『論語』は孔子がつくった本ではありません。弟子たち、あるいは孫弟子たちが孔子の教えをまとめたものです。とはいえ、ここは一つの矛盾です。「四十にして惑わず」と言いながら、五十を前にやはり迷うと言っているわけですからね。これはどういうことかといいますと、孔子という人が絶えず自分を省みていたということなんです。

ここを理解するためには鉱石を考えてみるといいんです。鉄にしても金にしても、本当の純鉄、本当の純金というものはなかなかできません。純度が九九・九九九……まではいっても完全なる一〇〇パーセント純粋なものはなかなかできない。

だから、孔子という人は自分を常に省みたのです。そして省みるときに一番大切なのは何かと言えば、心の鏡に自らを映し出してみることです。自分の顔を映すのに鏡は欠かせません。しかし、鏡が曇っていたら映るものも曇って映ります。

私は白内障の手術をして目がよく見えるようになりました。よく見えるようになると、それまで「顔には染み一つもない」と思っていたのに細かい染みがあるし、頭の中にまで染みがあるのが見えるようになりました。よく見えないときには「わしの顔はええ顔や」と思っていたのですけれど、自己嫌悪に陥りました。これは見えんほうが良かったなと思いました。

女の方はしょっちゅう自分の顔を映しておられるが、やっぱり澄んだ鏡が大切です。曇った鏡に映したら本当の自分は映らない。ましてや我々は、形を映すのならば外の鏡に映せば見えますけれど、自分の心は何に映せばいいのか。

我々の心というのは、本来は宇宙根源の働きによってできたもので、澄み切ったものなんです。だから自分の心を映そうと思ったら、自分の心の鏡を澄ますことです。自分の心が澄めば澄むほど自分というものがわかってくるんです。

孔子という人は自分を常に省みたのです。そして省みるときに一番大切なのは何かと言えば、心の鏡に自らを映し出してみることです。

自分の顔を映すのに鏡は欠かせません。しかし、鏡が曇っていたら映るものも曇って映ります。

孔子という人は絶えず心の鏡に自分を映してみて、自分を省みていました。すると時々過ちを犯すことがあることに気づいたわけです。四十七、八ともなれば社会的な評価も定まってきている時期です。「孔子という人は偉い人だ」と皆が思っている。ところが自分を振り返ってみたら間違いがあるということが心の鏡に映った。このときに「間違っていました」と言える人は少ないですね。いっぺん間違ったことを訂正することは難しい。とくに社会的な地位を得ている人にあってはそうでしょう。

孔子はそこに大きな悩みを持っていたと思うのです。だから、易というものを通じて過ちのない世界を模索したのであろう、と。しかし、なかなかそれは得られませんでした。そのために「朝《あした》に道を聞けば夕《ゆうべ》に死すとも可なり」（里仁第四）といって、「これがわかったら死んでもいい」というぐらいに悩みました。

その答えが五十になって初めてわかってきたのです。それが「五十にして天命を知り」ということ。だから、それから後の孔子の行動というものは隔世の感があります。いかなることがあっても、正しいと思ったことには敢然として立ち向かっていく。永遠の生命というものを知ったのです。それによって孔子の教えは二千五百年の今日にも続いているというわけです。

優れた学者は無数におりますが、二千五百年の生命を持っている人は世界でも非常に限られています。孔子がその数少ない人になり得たのは、孔子が常に自己反省をし、敢然として自らを改めていく努力を怠らない人であったからです。決して生まれながらにしての聖人ではない。『論語』を読んでいても、弟子たちとの問答にしても、それがよく現れております。

私も百歳を迎え、これからようやく第二期の百年に向けて一歩を踏み出したところです。また子供に返って生ある限り努力をしたいなと思っております。どうぞ子供や孫を育てるようなつもりで、また一つ、ご指導をお願いいたしたいと思います。

優れた学者は無数におりますが、二千五百年の生命を持っている人は世界でも非常に限られています。孔子がその数少ない人になり得たのは、孔子が常に自己反省をし、敢然として自らを改めていく努力を怠らない人であったからです。決して生まれながらにしての聖人ではない。『論語』を読んでいても、弟子たちとの問答にしても、それがよく現れております。

第三講

道縁が結んだ孔子の子孫たちとの出会い

◉『老子』と「易」と『古事記』を貫く万物誕生のしくみ

この講座も早三回を迎えることになりました。前回は主に私の師父であった安岡正篤先生と『論語』について語りましたが、今回は孔子の七十七代の子孫にあたる孔徳成先生と私との関係を通じながら、『論語』を味わってみたいと思います。

実はこの（平成二十七年）六月二十日に徳成先生のお孫さん、孔子さんから数えると七十九代にあたる孔垂長さんご夫妻が、私の百歳を迎える記念講演で来日されることになっています。また、お知らせもしていないのに、どうしたことか徳成先生のお姉さんの孔徳懋さんがいち早くお祝いを送ってくださいました。それから、この間は大陸の南のほう、浙江省《せっこうしょう》の衢州《くしゅう》におられる孔子の直系子孫の孔祥楷《こうしょうかい》という七十五代になられる方から、立派な金銅造りの孔子像を送っていただきました。非常に丁重な自筆の手紙も寄せてくださいました。この方は南宋時代に建てられた孔子廟のお守りをしておられます。

これらの方たちとの縁はすべて『論語』によって結ばれたものですけれども、なんとも不思議な縁だとしみじみ感じるのであります。「縁起」という言葉がありますように、人間というものはすべて縁によって結ばれていくものです。

初回のときにもお話ししましたが、『老子』の中に「一、二を生ず、二、三を生ず、三、万物を生ず」というのがあります。「一」というのは一つの存在です。人間も一つの存在です。そしてそこには易でいうところの陽と陰の二つが存在する。人間であれば男と女がいる。これが「二を生ず」ということ。しかし、陰と陽が別々であったのでは、そこからは何も生まれません。陰陽の二要素が結ばれることによって「三を生ず」。人間であれば、男性と女性が結ばれることによって子供が生まれる。

では、誰が陰と陽を結んでいるのか。『老子』ではこの陰と陽を結ぶもののことを「沖気」と呼んでいます。「沖」という字は「無心」ということです。無心で結ぶ、そういう働きを持ったものが宇宙の中にあって、それによっていろいろなものができる。この「沖気」は「和気」ともいいます。物を和する気です。この働きによって万物が生じていくのだと老子は言っています。

この『老子』よりももっと前の中国の思想である「易」では、「一」を「太極」といって、その一の中に陰と陽とがあり、陰と陽とが結ばれたところに「八卦」というものが生じてくるとしています。その八卦を二乗すると六十四卦に分化して、この六十四卦で万物を生じていく行程を示しています。

表現は違いますが、日本の神道もこれと同じです。最近は『古事記』などが一般にもよく読まれるようになりました。『古事記』の一番初めは「天地《あめつち》の初発《はじめ》の時、高天原《たかあまはら》に成りませる神の名《みな》は、天之御主神《あめのみなかぬしのかみ》、次に高御産巣日神《たかみむすびのかみ》、次に神産巣日神《かみむすびのかみ》。此の三柱の神は、並《みな》独り神成りまして、身《みみ》をかくしたまいき」と始まります。

この高御産巣日神と神産巣日神は大きな働きはありますが、独り神ですから、そこからは新しいものはできないんです。日本の神は何代かこのような独り神が続き、後に伊邪那岐命と伊邪那美命の二柱が出ます。

誰が陰と陽を結んでいるのか。『老子』ではこの陰と陽を結ぶもののことを「沖気」と呼んでいます。「沖」という字は「無心」ということです。無心で結ぶ、そういう働きを持ったものが宇宙の中にあって、それによっていろいろなものができる。この「沖気」は「和気」ともいいます。物を和する気です。この働きによって万物が生じていくのだと老子は言っています。

伊邪那岐は男の神さんだから陽、伊邪那美は女の神さんだから陰ですが、この二柱は人間の形をもって現れてきます。しかし、これがポツンとあったのでは何物も生まれてこない。伊邪那岐と伊邪那美が結ばれて初めてそこに万物ができてくるわけですね。

ところが、この伊邪那岐と伊邪那美という神さんは性的には幼稚で子供の作り方を知らなかった（笑）。『古事記』を読んでご覧なさい。裸になってみると、男のほうはちょっと突き出ているし、女のほうは穴が開いている。なんでこんなに違うのか、と。そこで、余れるところのものを足りないところに刺して塞いだら、そこから子供が生まれるんじゃないかといって結ばれる。けれども、初めは蛭子《ひるこ》やら泡のようなものが生まれて人間の形にならなかった。それで天の神さんに聞きに行ったら、順序がある、男の神さんから女の神さんにプロポーズしなければいかんと。それを間違って女の神さんが男の神さんに先にプロポーズしたものだから、人間にならずに、蛭子のような、泡のようなものが生まれてしまったわけですね。

それで今度は、最初に男の伊邪那岐が伊邪那美に「あなにやし、えをとめを」と言ってプロポーズしたら淡路島ができた。それから次々に国が生まれて、四国が生まれ、九州が生まれ、壱岐《いき》対馬《つしま》が生まれ、最後に本州が生まれて、いわゆる八つの大きな島が誕生する。これが日本国家の基礎であるということが『古事記』にちゃんと書いてあります。これは内容的には『老子』の「一、二を生ず　二、三を生ず　三、万物を生ず」という言葉に通じるものです。

◉血縁、地縁、心縁、道縁

この「沖気」とか「和気」という結ぶ力、その働きを、違う言葉で「縁」といいます。縁によって物の創造は行われ、縁によって物事が起こるのです。

縁の中でも非常に大切なものは血縁です。誰もが血縁を持ってこの世に生まれてきます。突然、ぽこーんと生まれるわけではない。みんな縁を持っています。そして、人と人との血が通っている者が同じ土地や場所で生活をすると、そこに地縁ができてくる。普通、誰でも持っているのが、この血縁と地縁です。空中で生活しているわけじゃないので、みんなどこかで地縁で結ばれている。幼少のときはとくにそうです。

それからもう一つ、心縁という心の縁があります。心が通じ合うということです。同じ人間の格好をしていても心の通じない人もいます。同じところにいても、心の通じない人もある。血縁を持ちながら心縁を持たない人も中にはあるんです。けれども血縁のある人は心縁も共にあるというのが普通のあり方でありましょう。

その心縁の中に道縁というのがある。人間は他の動物とはなかなか心が通じないけれども、人間同士では心の通じ合いというものがあります。その心の中に、道を同じくする者同士の縁がある。それを道縁といいます。ここにおいでの皆さんと私とは大きな広い意味からすれば心縁があったということです。その心縁の中で、『論語』という孔子の説いた道に関心があって遠いところをわざわざやって来ておられる。これは要するに道縁によって来ておられるわけです。

縁の中には金に釣られてくる金縁というものもあるかもしれませんし、いろいろな縁があります。けれども、心の縁で千里を遠しとせずやって来るのは道縁によるものです。初めて顔を合わせた皆さん、なんの関係もないようだけれども、実はこの道縁というもので結ばれているんです。

その道縁をずっと突き詰めていくと、二千五百年余り前の孔子さんに繫がるわけですね。そういう意味からすると、みんな孔子と道縁があると申し上げてもいいと思います。縁というものは大切でありますが、とくに道縁というものは大切なものです。

◉日本人を強引に変革しようとしたＧＨＱ

孔子と我々では生まれたところも違います。片方は支那大陸で生まれて、我々は日本という島国で生まれたわけですから、地縁はありません。我々が孔子と結ばれたのは、道縁というものでしょう。

この孔子については、戦後、問題になったことがあります。私はＧＨＱに数えきれないくらい呼び出しを受けましたが、その一つが孔子に関することでした。「孔子は支那大陸に生まれた」と、あるパンフレットに書いたところ、それがＧＨＱの目に触れて呼び出しを受けたのです。何かと思えば「支那という言葉はだめだ」と言うのです。「それではどう言えばいいのか」と聞くと「中国と呼べ」と言われました。

私は「昔から中国なんて名前はない」と反論しました。大陸では革命に次ぐ革命で秦、漢、隋、唐、宋、元、明、清というようないろんな国が次から次へと興ってきました。その中に中国という国はありませんでしたし、昔から中国という言葉もありません。

支那というのは英語のチャイナ（China）を日本語読みにしたものです。いまから二千数百年前、大陸に一大中央集権が確立されて秦という国ができました。その秦を英語ではチャイナといい、日本語で読んだら支那というわけです。

だから、「支那はあるけれど中国という国はない」と私は繰り返し訴えたのですが、なかなか受け入れてくれません。結局、最後に彼らが言ったのは「日本は戦争に負けたのだから、勝ったほうの言うことを聞け」ということでした。間違ったことでも無理やりに聞けというわけです。

私は「間違ったほうには首が飛んでも変えん」と言いました。それで何回か呼び出しを受けましたが、いつの間にか呼び出しがなくなりました。おそらく黙認されたのだろうと思って、それからも変わらず支那という言葉を使い続けました。

また、太平思想研究所というものをつくったときにも、名前が良くないというので呼び出されました。戦争に負けて、これから後は日本に太平の世の中をつくる。その思想原理を追求するためにこの研究所をつくったのですが、「太平」という言葉が穏当ではないというのです。なんで穏当でないかというと、終戦の詔勅に「万世の為に太平を開かんと欲す」という言葉があるため、太平は良くないと。

私はこのときも「では、なんと言ったらいいのか」と聞きました。すると「平和と改めよ」と言われました。「多少ニュアンスは違うけれども、平和も太平も内容的には変わらない」と主張しましたが、これもなかなか理解してもらえずに、繰り返し呼び出しを受けました。しまいには向こうから「タバコもピースになっているじゃないか。だから平和にせよ」と言われました。戦後、ピースというタバコが出たんですね。

それでも私は、「日本にはいろんな表現がある。内容は同じだけれども表現の違うものがある」と言って聞きませんでした。そうしたところ、これも最後には「日本は負けているではないか。勝ったほうの言うことを聞け」と言われたので、「それなら初めからそう言いなはれ」と（笑）。

結局、この件もいつの間にやら呼び出しはなくなりましたから、ずっとその名前を通しました。これは余談ですけれども、戦後にはそういうことがありました。

◉『論語』との縁、安岡先生との縁

もうすでに申し上げたことですが、私は七つのときに母を失いました。それまで母は私の将来を思って、小学校に行く前に見習い生として私を学校へ入れてくれるように先生に頼み、許可を得ました。その時分は幼稚園も託児所もない頃でありましたから母は大変喜びました。私も石板に書いた字に赤の三重丸をもらったら、喜んで消さないように家へ持って帰って母に見せました。そして、母が喜ぶ姿を見るとぴょーんと胸に飛びついて乳を飲んだという非常に甘えん坊でありました。

ところが突然、母が亡くなりました。四月に見習い生として小学校に入って、六月に急に亡くなったんです。それからは学校にも行きませんでした。親切な祖母もおりましたし、姉たちもおりましたけれども、実の母に代わるものはありませんでした。しかも、ちょうど家の前に墓があるものですから、ふっと家を出ると墓が目に入って悲しくなり、朝から晩まで泣き崩れて手が付けられなくなってしまったのです。

父が心配をして、私の叔父で田舎学者としてあたりで知られる人に「なんとかならないだろうか」と相談をしました。叔父は「まあ、いっぺん連れてきなさい」と言ったようで、私は山を二つ越えたところにある叔父の家まで連れていかれました。そこで『論語』の素読を教えられたのです。

昔の『論語』は仮名を打っていないものですから、漢文そのままで何回か繰り返して読みました。意味はさっぱりわかりませんでしたが、非常に調子の良い文章ですので、子供ながら耳触りがとてもいい。それで、素直に叔父の指導を受けて何回か繰り返し読んで、家に帰ってからも大きな声で読んでいるうちに暗唱できるようになりました。

習ったところを完全に暗唱できるようになったら、また山を二つ越えて叔父の家に通いました。途中、深い山があってマムシやら何やらがいる山道を恐る恐る通っていったのです。そして次のところの読み方を教わって、家へ帰ってそれをまた練習する。それを繰り返していると、正式に小学校に入る頃には相当『論語』が読めるようになっていました。

小学校になってからも続けていると、二、三年生ぐらいまでに『論語』を暗唱できるようになりました。叔父は大事なところは易しく話をしてくれて、私は『論語』の面白さに目覚めました。それから現在まで九十何年、『論語』を手放したことは一日もありません。母が亡くなったのを機縁に『論語』に親しむようになって、いまも日々読み続けています。

前にもちょっとお話ししましたが、ベッドから落ちて目のところを内出血しました。それに関して「瞼の母」というお話をしましたけれども、私は母の写真を持っていないんです。昔は写真を撮ると影が薄くなるというので撮りませんでした。だから、私は母の顔を知らないというか、思い出せないんです。

けれども、百になってベッドから落ちて内出血で醜い格好になったときに、目の玉には全然支障がなかった。なぜかといったら目を保護する瞼があったからです。一瞬にして瞼のほうが先に閉じた。それで目の玉を守ったのでしょう。考えようによったら、瞼というものは目を守るためにできたものですね。そのときに瞼の母という言葉が思い浮かびました。母の顔は私の脳裏にないのですが、瞼を通じて百年余り前の母を思い起こしたんです。

怪我の後、「温めたほうがいい」という人もあるし、「冷やしたほうがいい」という人もあるし、あれやこれや皆さん親切に助言してくれました。けれども、「これ」というものがないからそのままにしておいたら、だんだん傷や内出血が薄くなって、四十日ほど経った頃にはわからないようになっていました。

これは誰が治してくれているのか。母親が治してくれたのかというと、母親にはそれだけの技巧があるわけがない。結局、目には見えないけれども実に大きな宇宙の根源の働きがあって、これが自然に治してくれているんです。それで改めて母を思うと共に、この宇宙の根源の働きに対して非常な感謝の心が湧いてきました。生まれて百年の後に幸いにして生きていたものですから、この年になって初めて母を思い、そして宇宙の恩というものを身をもって感じました。

そういうようなわけで、私にとって『論語』は深い道縁によって結ばれていたものであります。

やがて私は大阪に出て師範学校に入りました。その入学した最初の授業が漢文の授業でした。立派な髭を生やした漢文の先生でした。どういう弾みか、私が『論語』をちゃんと暗唱しているし、『大学』も『中庸』も暗唱しているということが先生に伝わりました。学校の先生でも全部暗唱している人は少ないものですから、「こいつはちょっと面白い」と思われたようで、「家へ遊びに来い」と呼ばれて行っているうちに家族の一員のようになりました。

いまでも、その先生の息子さんと娘さんとはお付き合いが続いています。娘さんはもう八十ぐらいですが、数日前に家で採れたという小梅を送ってきてくれました。もうしばらくすると大きな梅を送ってくれるようです。和歌山の南部《みなべ》の大きな家に嫁いでいるものですから、毎年、採れた梅を送ってくれるのです。そのきっかけとなったのは、漢文の第一時間に私が『論語』の暗唱をしているのに先生がビックリしたことでした。

これもお話ししましたが、私が田舎の家を出るときに「一人前になるまでは帰るな」と父親から厳命を受けました。それで休みになっても家に帰りませんでした。一方、その当時の学校の先生は休みになったらほとんどが家族を連れて故郷に帰りました。そのため、私が田舎に帰らないというのを聞いた先生方から次から次へ「留守番に来てくれ」と頼まれるようになりました。

それで先生の家の留守番をするようになりました。食料は確保されるし、蔵書は自由に読んでよろしいというので助かりました。その最後の留守番をしたのが、九州の大分出身の長沢準平という立派な先生のお宅でした。夏休みに留守番に行って、その秋に長沢先生から安岡正篤先生を紹介されたのです。そして四十幾年、安岡先生に親炙《しんしゃ》（親しく接して感化を受けること）するようになりました。先生は亡くなる前日に私の手を握って、「道縁は無窮だ」ということを言い残しされました。

そして私が『論語』を勉強しているということが漏れて、山から下りて間もない頃に、全然知らない方とお会いして、それがずっと飛び火をして致知出版社の藤尾社長さんの知遇《ちぐう》を受けることになりました。今日皆さんとお目にかかるのは、そういう経緯を経てのことです。これは初めから期待してやったものでもなんでもないけれども、結果的に見たらそういう繋がりがあるんです。

縁というものは、そのようにして結ばれていくものです。皆さんにも、それぞれのご縁があろうと思います。人間は縁を非常に大切にしなくてはいけないということは言うまでもないことであります。

◉孔子の子孫たちと結ばれた不思議な縁

何度も申しましたが、孔子は紀元前五五一年（五五二年の説もあり）に生まれて紀元前四七九年に七十三歳で亡くなりました。世界の代表的な優れた人物、これを四聖といいます。釈迦、キリスト、孔子にソクラテスが加わり、四聖です。この四人の聖人はだいたい同じ頃に生まれて、現代まで影響を与えているのです。

孔子について説明をすれば長い時間を要しますが、その子孫が代々伝わりまして、今日お話を申し上げる孔徳成先生は孔子から数えて七十七代の直系にあたります。

孔子は現在の中国山東省の曲阜《きょくふ》という町の郊外にある昌平郷陬邑《しょうへいごうすうゆう》という村の村長さんのような方の子として生まれます。ただ、昔の中国には第一夫人、第二夫人、第三夫人というふうにありまして、孔子は第三夫人の子として生まれるのです。

第一夫人は九人の子供を生みますけれども、すべて女でした。中国では女が家を継ぐことはできません。男が継いで先祖を祭ることによって先祖が喜ぶと考えるからです。父親の叔梁紇《しゅくりょうこつ》は、「次こそは男の子を」と辛抱強く子供を作るのですが、九人続けて女の子が生まれたわけです。

日本でも昔は男が家を継ぐという考え方がありました。だから男の子が生まれなかった家では養子をとりました。ところが中国では養子制度がないものですから、叔梁紇はやむなく第二夫人を娶《めと》ったのです。するとようやく男の子が生まれたのですが、この子は生まれながらにして足が不自由でした。これでは家を継がすわけにはいかないとなって、次に第三夫人を求めました。それは叔梁紇が六十を過ぎる頃でしたが、まだ十六歳という若さの第三夫人を迎えています。その第三夫人に生まれた子供が孔子なのです。

けれども、叔梁紇は孔子が二歳あるいは三歳という説もありますが、早くに亡くなってしまいます。その後、お母さんは幼い孔子を連れて曲阜の都に出て女手一つで育てていきます。ですから、孔子は非常に複雑な家庭に生まれ育ったわけであって、決して幸せに生まれ育ったとはいえません。ただ、非常に優れた素質を持っていたのでしょう。それを伸ばしていって世界の四大聖人に数えられるような人になったのです。

だいたい優れた人というものは世の中に先んじて道を説いたりするものですから、世の中には受け入れられないことが多いんです。お釈迦さんは自ら家を出て修行をされて、わりあい長生きをされますけれども、故郷へ帰る旅先の菩提樹のもとで亡くなっています。インドは暑いところですから修行者は「樹下石上」といって木の下や石の上では休みました。樹木の下で亡くなるというのは決して日本人の思うような行き倒れのようなものとは違いますが、いずれにせよ家の中で亡くなったわけではありません。

キリストはご承知のように、多くの人の信頼を受けながらも十字架にかけられて非業の最期を遂げています。ソクラテスも非常に優れた考えを持ちながら、遂には獄中で毒杯を仰いで亡くなっています。

ところが、孔子は故郷に帰って亡くなっています。奥さんと長男には先立たれますが、優秀な孫が残りました。この孫や若い弟子たちに囲まれながら亡くなるのです。そして、その教えはずっと受け継がれて今日まで至っています。その血縁も今日まで二千五百年も続いているのです。これは世界でも珍しいといってよろしいでしょう。

その孔子の子孫は七十七代にあたる方が孔徳成先生であります。私はこの徳成先生には特別に縁を感ずるのです。北京でオリンピックがあった前年に、私は若い人たち三十人ほどと共に北京に参りました。夜、徳成先生のお姉さんの孔徳懋《こうとくぼう》さんをお招きしてパーティーを開くことになっていました。ところが、徳懋さんが「そのパーティーにも出席するけれども、その前に是非私の家に来てください」と言われるのです。

先にも言いましたけれども、中国というところは複数の夫人を持っている場合があるので、きょうだいが多いといっても母親が違う場合が多くて、同じお母さんから生まれたきょうだいというのはわりと少ないのです。けれども、徳懋さんと徳成先生は同じお母さんから生まれている実のきょうだいです。

この徳懋さんが家に来てもらいたいということで、そのときはまだ健在であった家内と日創研（日本創造教育研究所）の田舞代表と川本さんと一緒に参りました。私たちが家に入るなり徳懋さんは握手をしてきて、「私には三人のきょうだいがありま す」と言われました。そのうちの一人は台湾にいる弟の徳成であると。もう一人は誰かというと「伊與田先生、あなたです」と。それで「三人きょうだいだ」と言って非常に親しくして喜んでいただいたのです。

その前に上海で会ったときは特別に招待を受けました。私は家内と一緒でしたが、徳懋さんはつかつかと家内のところへ来て、翡翠のネックレスを家内の首にかけて、妹にお土産をやるような親しさで接していました。

そして二度目に会ったときに「きょうだいだ」と言われたので年齢を聞いてみると、私が一番上で二つ下が徳懋さん、その二つ下が徳成さんということでした。それで「取りあえず、わしの年が一番上やから兄さんやな」と言って笑い合いました。

そのときから、道縁によって結ばれた関係が血縁的な親しみへと変わりまして、初めにも申しましたように、私の百歳を非常に喜んでくれて、一番先に大きな福禄寿の置物を送ってくれたのです。それと共に兄貴の百歳を喜ぶような内容の直筆の手紙を寄こしてくれました。自分の親族よりも先に他国のあまりよく知らない人が心から喜んでいただいているというのは不思議な感じがします。これもご縁ですね。

初めに縁起ということを申し上げましたが、縁起というものは決して架空のものではありません。我々はすべて縁によって起こっていくものだということをしみじみと感ずるのです。

◉孔子の一生にちなんだ名前を付けた成人教学研修所の施設

日本が戦いに敗れてから世の中が動転しました。いまではもう忘れられていますが、想像もつかないような大変化があったんです。学校の教育もすっかり変わりました。教育勅語は廃止、漢文教育も停止するということで、在来の道徳教育というものは否定されました。そのため、正しい話が通用しない時代がだいぶ長く続くことになりました。それを直に味わったご年配の方たちは、私が説明をするまでもなく、よくおわかりだろうと思います。

私は昭和四十四年、ちょうど日本で万博が開かれた年に、現代の教育に対して物足りなさを感じて、新たなる教育機関として師弟同行、先生と教え子が一体になって勉強をする施設をつくろうと考えました。そして大阪と奈良の中間にある金剛生駒国定公園内の人里離れた場所に特殊な教育機関をつくりました。一般には国定公園の中に個人の建物は建てられないのですが、利害を越えたものということでとくに許されて財団法人名義で一万坪ほどの提供を受けることができたのです。それが「成人教学研修所」というものでした。

この名前を付けてくれたのが安岡先生でありました。私はまた研修所内の建物にも孔子の一生にちなんだ名前を付けました。初めにつくった建物は宿泊所でしたが、ここには「十有五にして學に志す」から「志学寮」と命名しました。そして講義をする場所を「三十に立つ」から「而立堂」と名付けました。そのほかにも「四十にして惑わず」から「不惑軒《ふわく》」という建物を建て、古今東西の『論語』に関する書物を収集する論語堂には「五十にして天命を知る」から「知命蔵《ちめいぞう》」と名を付けました。それから「六十にして耳順う」から名をとった「耳順洞」、「七十にして心に従い」から名をとった「従心窟」と順番につくっていきました。

これらの建物は孔子の一生にあやかって我々の人間的形成を進めていこうという考えから建てたものです。多くの方のご協力もいただいて、建物そのものは順調に建ち上がっていったのですが、「従心窟」がだいたい軌道に乗ろうかという頃に私も随分年も取ったので山から下りることになりました。それが八十八のときであります。

山から下りて大阪の片隅で静かに暮らしていこうと思っていたのですが、思いがけなく私を知る知己があちらこちらから出てまいりました。やはり種蒔きをしておくことは大切ですね。「蒔かぬ種は生えぬ」というように、何もないところから芽は出ません。しかし、種を蒔いておけば、そこから芽が出てくるのです。それが京都から東京に広がり、また九州にも広がりました。至るところに蒔いた種から芽が出かかっていたのです。

言うまでもありませんが、植物というものは年々大きくなっていきます。建物ならば年を経るごとに朽ちていきますけれども、生ける植物は年々大きくなるんです。そういうわけでありまして、昭和四十四年から蒔いてきた種があちらこちらに分布して芽を出して育ってきたのです。

昭和四十四年に研修所が立ち上がって五年目の昭和四十九年に建て増しをしました。そのときに「不惑軒」と「知命蔵」を建てたのです。「知命蔵」と名付けた論語堂を建てたのを機に、戦争で倒れていった戦友の菩提を弔うために、観音像を描いてあちらこちらに配っていた画家に依頼をして、論語堂に掲げる孔子像を描いていただきました。そのとき、せっかく孔子像を描いていただいたのだからと、その題と賛を安岡先生にお願いしました。実はそれ以前にすでに安岡先生にお願いしたものがありましたので、私はそれを使おうと思っていたのですが、先生は「これはやっぱり特別なものであるから、私が書くよりも孔子さんの直系に書いてもらったほうが意味はさらに深いだろう」と言われました。

当時、私はまだ孔徳成先生を存じておりませんでしたが、安岡先生のご紹介によって我々の代表が丁重な懇請状を添えて台湾に行き、徳成先生に題と賛をお願いいたしたところ、徳成先生は気持ちよくそれを受けてくださいました。

その孔子像が私の『仮名論語』の扉に掲げてあります。絵のほうは山本珍石という人が描いたものですが、孔子の肖像の上にある「孔子像」という文字と「夫子之道忠恕而已矣」という一言は、孔徳成先生が直々にお書きくださったものです。

◉複雑な国際関係の中にあって孔徳成先生を日本にお迎えする

論語堂の建物が完成し、この孔子像を正面に掲げるというので除幕式をやることになりました。ちょうどその頃、日本に大きな台風が押し寄せてきました。まだ不惑軒は建物の周囲の側溝が十分にできていない状態でしたので、私一人で溝を掘っていました。そのときにふっと閃いたのが、せっかく除幕式をするのなら孔子さんの直系である孔徳成先生をお迎えしたらどうだろうかという考えでした。

当時の国際関係は非常に微妙でありました。台湾と大陸との関係もそうだし、台湾と日本との関係も複雑極りない時代でした。けれども、孔子の教え、道のためにと心血を絞って孔徳成先生にお願いの手紙を出しました。そうしたところ、先生から思いがけなくも「除幕式に行く」という返事をいただきました。不惑軒と論語堂は寄付によって建てたものですが、幸いにしてお金が余ったため、徳成先生を迎えるのに援助を受ける必要はありませんでした。

また、徳成先生から「日本に行く」という力強いお返事をいただいたので、せっかくお出でいただくならば、一つ公開の大講演会を開こうと、大阪商工会議所の大講堂を使って孔徳成先生と安岡先生を主講師とする講演会を企画しました。これには商工会議所の会頭をしておりました小田原大造という人が非常に共鳴してくれまして、大阪商工会議所の大きな講堂を使うこともすぐに決定しました。

ところが、一般に告知をしたところ、大阪財界の一部からクレームが付きました。それは中国との関係を慮ったものでした。当時、大陸においては共産党が政権を取って、文化大革命で孔子の教えを大陸から追い払うことを唱え、紅衛兵を使って孔子廟をはじめその遺跡を破壊し、その子孫を迫害していました。また、大陸と日本とが新たに国交を開いて、恩顧のある台湾の中華民国とは断交していました。

中華民国は「日本人は恩知らずだ」と怒りました。戦いが終わったときに賠償金も取らなければ、日本に進駐もしなかった。「怨みに報いるに徳を以てする」という態度で大陸に残っていた軍官民の日本人を全部丁重に送り返してくれたのです。その恩を忘れて台湾と断交するというのですから、怒るのも当然というものです。

しかし、大阪の財界人は大陸とは昔から経済面において非常に深い関係にありましたので、その心証を害するようなことをするべきではないと強く反発しました。結局、一度は決まっていた商工会議所の大講堂を使うという計画は白紙になりました。とはいえ会場のほうはなんとでもなります。問題なのはビザが下りないことです。断交している日本に台湾の国宝的存在である孔子のご子孫を送るというのは非常に危ういと台湾政府が判断をして、ビザがなかなか下りなかったのです。ちょうど韓国の金大中事件が起こった時分でありましたから、余計に難しくなっていたのです。

ビザが下りなければ徳成先生を迎えるわけにはいきません。これはもう諦めるしかないかと半ば思っていたところ、急きょ許可が下りました。後で聞いたところでは、日本政府は信頼しないが安岡先生を信頼してビザを出すということだったようです。

突然決まったものですから、急いで大阪の私立学校会館を会場として押さえて予定通りに公開講座を行いました。それに孔徳成先生は次男の孔維寧《こういねい》さんを連れて出席されました。列席の皆さんも非常に喜びました。

孔徳成先生をお迎えするにあたっては京都大学経済学部を出ていろいろな大学の講師をしながら大阪で大きな中華料理の社長をしている張無為《ちょうむい》さんという方がいろいろとアドバイスをしてくれました。その一つに祝賀会のお弁当を作るときには徳成先生と維寧さんの分だけは刺身を抜いたほうがいいという注意がありました。中国人は刺身を食べないから、というわけです。そのため、えらい奮発したお弁当でしたが、先生と息子さんと二つ分だけは刺身を抜きました。しかし後で聞くと、ご両人とも「刺身は好きだ」と。余談になりますけれども、そういう笑い話のような話がありました。

◉日本の神社を参拝して大喜びした孔徳成先生

私は徳成先生をお迎えしたときに、日本に見えた以上は日本を本当に知ってもらわなければいけないと思いました。そのためにはどうすればいいかと考えて、日本人の魂の拠り所である神道をご承知いただくのがいいのではないかと思いました。『論語』の中にも、「神を祭ること神在《いま》すが如くす」（八佾第三）というように非常に神様を尊敬する言葉がありますから、その子孫が神詣でに行くことに対して孔子さんが反対するわけはないと思いました。そこで、除幕式の翌日、奈良の桜井にある大神《おおみわ》神社に案内をいたしました。宮司は大変に喜んで、洗練された御神楽を上げてくれました。それが終わってから宮司が「何か一筆お願いします」と言って、有名人だけが一筆したためる署名本を差し出しました。徳成先生はそれに署名をされましたが、そこに書かれたのは「焉疑（なんぞうたがわん）」という二文字でした。

この大神神社は伊勢神宮よりも古いお宮で、背後にある周囲十六キロの三輪山という山を御神体にしております。国宝となっている拝殿はありますけれども、神殿のないお宮です。大神神社にお参りして徳成先生は大変に喜ばれて、「もし孔子が生きて日本においでになられたら、ここへお参りするだろう」と言われました。

その晩、先生は刺身好きだとわかりましたので、鳥羽へ案内をして刺身をお出しすると、親子で二人分食べられて大変に喜ばれました。

翌日は伊勢神宮にお参りしました。お参りが済んでから、伊勢神宮の大宮司とお話ししました。このときの伊勢神宮の大宮司は徳川さんといって、水戸徳川家の十八代で東京湯島の聖堂にある「斯文会」という会の名誉会長をしている方でした。それでえらく話が相通じまして、和やかな歓談となりました。それを横で聞いていて、歴史の重みを感じました。片一方は孔子さんの七十七代、片や徳川さんの十八代、七十七代と十八代の重みは違いますが、しかし共に大変に喜ばれて、時間を忘れてお話しされておりました。

その翌年、この徳川大宮司さんは「伊勢神宮をお参りいただいたお礼に」といって台湾の孔子廟を訪ねられました。そのときにお土産として持っていったのが、先の孔子像の印刷を表装したものです。私が大宮司に差し上げていたものですが、それを持って台湾の孔子廟に行かれたそうであります。

すると台湾の孔子廟では「これは良い」というので、「売店で売らしてほしい」と言ってきました。まあいいだろうということになって、台北にある孔子廟の売店で売り始めたところ、よく売れました。孔子廟を訪れた日本人観光客が買って帰るのだそうです。旅行へ行って向こうでお参りして、あまり表装はよくないけれども安いのでお土産に買って帰るんです。

『論語』と非常に関係の深い人で久保田鉄工という会社、いまはクボタといいますが、あの会社の社長が論語普及会の理解者でした。私が社長室を訪ねたときに、「あれ？どこかで見たことがあるな」という孔子像の絵がかけられていました。「これ、どないしました？」と聞くと「台湾から買うてきたんや」と。そういう笑い話もあります。

孔徳成先生は神社にお参りをされて非常に感激して、伊勢神宮では『論語』にある「神在すが如くし」からとられた「如在（いますがごとし）」という二文字を署名簿に大きく書かれました。この大神神社とか伊勢神宮の署名簿は本当の有名人でないと署名をされない特別のものです。

次に徳成先生を大阪にお招きしたところ、大阪の四天王寺の管長・出口常順という方から私のところへ「せっかく徳成先生が来られるのならば、是非、四天王寺にもおいでを願えるように」という使いが来ました。先生に話をしたところ、「はい、行きましょう」ということで四天王寺に行きました。

四天王寺がなぜ孔子さんのご子孫をお招きするのかというと、四天王寺は宗派の名前を和宗というんです。聖徳太子の十七条憲法の第一条に「和を以て貴しとなす」とありますが、この「和」をとった宗派です。この「和」は孔子のいう「和」でもあります。仏教にはご承知のように数多くの宗派があります。その宗派を超えて和やかにするということで、四天王寺は八宗兼学といいますか、どこの宗派に属しようとも関係なしにお参りできるようにしたのです。だから和宗を掲げたわけです。

徳成先生と共に四天王寺に行くと、管長が大変に喜んで、自ら茶を点ててもてなしてくれました。その茶室がなかなか立派なもので、名前を「和松庵《わしょうあん》」といいます。この名前は何か意味がありそうだなと思って管長に聞いたら、「これは松下幸之助さんが寄贈してくれたので和松庵と言うのです」と。それを伺って、いろいろなところに繋がりがあるものだと改めて感じました。

このとき徳成先生の来日を聞き付けたのが廣池千九郎先生創設のモラロジー研究所です。モラロジーでは孔子をこよなく尊敬していて、是非とも徳成先生をお迎えしたいと思っていたようですが、なかなか周囲の情勢によって許されない。そんなときに私のほうで孔徳成先生をお迎えするということを聞き付けて、「この複雑怪奇なときによくもお迎えができたものだ。ついでに私のほうにも是非一つおいでを願いたい。そう頼んでいただけないか」と言ってきました。先生にそれを申しましたところが「行こう」と快諾されました。このときはモラロジーのほうからお迎えが来ましたので、あとは向こうの方に任せておりました。

その翌年、モラロジーは五十周年を迎えることになり、今度はモラロジーが独自に徳成先生をお招きしたところ快く受諾されて、奥さんと二人のご令息と幼稚園に行っていたお孫さんの五人でやってこられました。そして、今度はご恩返しといって私の生駒山のほうへおいでいただくことになりました。

このときは、ホテルに泊まっていただいてもよかったのですが、せっかく孔子さんをお祭りしている論語堂があるのですから、先祖のところでお泊まりしていただいたらと考えて、家族五人、不惑軒の畳の間で一夜を明かしていただいたのですが、皆さん、大変に喜ばれました。

◉酒を介して神道と通じていた孔子の教え

『論語』がこれほど日本に浸透して、孔子の子孫が日本でも尊敬されているというのには理由があると思います。それは孔子が酒を飲むことを禁じていないということではないかと私は思っています。世界の宗教とか教えの中で、飲酒を許可しているものは意外と少ないんです。マホメットのイスラム教は絶対に飲酒はだめですし、カトリックなどでも本当のカトリックであれば酒は飲まないでしょう。

仏教も元々、坊さんは絶対に飲んではいけなかった。「葷酒《くんしゅ》山門に入るを許さず」

と言って、もし酒を飲んだら破門するといっていたわけです。しかし、日本ではそれはあまりきつ過ぎるというので、少し緩めるんです。それで坊さんでも少しは飲んでもいいというふうに変わっていきます。

ところが、孔子さんは酒が好きだったんですね。『論語』の中には「沽《か》う酒と市《か》う脯《ほしにく》は食《くら》わず」（郷党第十）と書いてあります。「買う酒と買う乾肉は食べない」というわけですから、自分の家で酒を造り、干し肉なども作っていたのでしょう。だから、飲酒についてはあまり堅苦しくなく、家族そろって酒を飲むこともあったのでしょう。あるいは、隣近所の集まりに孔子さんもおいでになって一緒に酒を飲んだりもしたのでしょう。

王仁という博士が、いまから千七百年ぐらい前に日本に『論語』十巻、千字文一巻を持ってきて伝えます。王仁博士というのは人間的に大きなところもあったのでしょう。『論語』と一緒に酒造りの名人を連れてくるのです。その酒造りの名人が酒を造って、時の応神天皇に奉った。その時分、日本にも酒はありましたけれども、名人が造った酒は特別美味しかったようです。応神天皇は心地よく酔われ、外へ出て石を杖で叩いたら、その石が逃げていったと『古事記』の中にはあります。

こうしたことからも孔子の教えが酒を禁じていなかったことは明らかです。『論語』が日本になんの抵抗もなしに入ってきた理由はここにあると私は考えています。ご承知のように、仏教が入ってきたときには大問題になりました。仏教に賛成する蘇我氏と反対する物部氏や中臣氏の間で天下分け目の戦いをやるほどでした。キリスト教が入ってきたときにも随分いろいろなトラブルがありました。しかし、孔子の教えが日本に入ったときはなんの抵抗もなかった。それは酒が取り持つ縁ではなかったろうかと私は思います。

台湾で徳成先生の長男が急に亡くなったとき、葬式に行ってお参りをしました。台湾の葬式では、初めに長い線香を持って一つの穴に置いて、次に侍者からまた線香を受け取って霊前に上げ、さらに花束を持って上げて、最後に酒を捧げます。日本神道の葬式に参列された方もあろうと思いますが、神道の葬式でも酒を捧げるんです。日本の葬式では、仏教では酒は出ませんが、神道では酒が出る。そういうことで、日本の伝統的な風習と相通ずるものもあったのでしょう。だから孔子の教えが無理なく日本に入って、日本人の血となり肉となっていったと思うわけです。

その孔子の教えを現代もなお引き継いでいるのが、孔徳成先生の孫にあたる孔垂長さんです。垂長さんは教えの中心として台湾政府から特別の扱いを受けております。お若いですけれども人々の尊敬を受けておる人であります。

ということで時間が来ました。尻切れトンボのようですけれども、また続きをお話する機会があると思います。誠に不十分ですけれども、今日はここで終わることにいたしたいと思います。

第四講

孔子の道を後世に伝えた曾子

◉少なくとも六十万人以上は存在する孔子の子孫

前回の最後に話しかけましたけれども、先月は私の百歳ということで、孔子さんの七十九代子孫の孔垂長さん夫妻がお祝いに日本においでくださって、記念の講演をしていただきました。また全国各地の思いがけない人からお祝いをいただきまして誠に光栄の至りに存じた次第であります。

百歳になったといっても特別変わったわけではないのですが、九十代と百代ではだいぶイメージが違うようです。人の見る目も違ってきます。日本人で最高齢が百十二歳だということですけれども、私ももう少しという気持ちがあります。しかし、百を過ぎると一日一日が人生だというふうに思われてまいります。七十そこそこならば、まだだいぶ先があるなと思っておりますけれども、やはり年を取るほど一日の貴重さというものがしみじみと目に応えてまいります。

さて、本日は孔子の弟子についてのお話を申し上げたいと思います。孔子の弟子は門弟三千といわれるほどですが、これは確実に三千人いたという意味ではありません。ただ、非常に多かったということは確かです。しかし、孔子の心を本当に伝える弟子というのは「砂金を拾うが如し」で、本当に僅かであるといっていいでしょう。ですが、そういう弟子を持つということは、その人の一生の上においても非常に重要なことだろうと思います。

孔子さんが生まれたのは西暦紀元前五五一年（五五二年の説もあり）ですから、日本の神武紀元からいうと百年ぐらい後に生まれたということになります。日本の天皇さんは非常に古くて、初めの方ははっきりしないところもあるし、歴史の上に確実に出てくるのは非常に少ないのです。その点、中国というところはわりあい歴史的には確かです。

インドにもお釈迦さんという非常に優れた方が生まれておりますけれども、孔子よりもちょっと年上という説もあるし、孔子とだいたい同じぐらい、あるいは孔子よりも後に生まれたとか、いろいろな説があります。インドは思想的、学問的には非常に進んだところがありますが、歴史的な面からすると孔子さんの確実さには及びません。

孔子さんには「孔」という姓を名乗る子孫は二百万とも三百万ともいわれています。この間、家系図ができたようでありますけれども、そこでは六十万ぐらいにまとめたようです。費用の関係もあるようで、詳細まで系図に載せることは難しかったそうです。

その孔子の子孫のうち筋の通った子孫が十二家あるようであります。日本でいうならば皇族のようなものです。そのうちのさらに九家ぐらいが非常に強固な繋がりを持った親族で、もし本家に跡継ぎがない場合には傍系のほうから入って跡を継ぐということになっています。これは日本でもそういうことがあります。

この総本家がいま、七十九代の孔垂長さんです。まだ四十そこその若さでありますが、非常に立派な方です。

この総本家は台湾におられるのですが、大陸には総本家に対する分家があります。私も行きましたが、曲阜というところに孔子をお祀りする孔子廟、孔林という孔子のお墓、孔府という孔子の住まいがあります。孔府というのは小さなものだろうと思っておりましたら、四百余りの部屋があるそうです。いまは政府の管轄に移って世界遺産になっておりますので、随分たくさんの見物人、参拝人が日々来られています。

この曲阜には孔徳懋さんがおられます。すでにお話ししたように、この方は本家筋の垂長さんの祖父である徳成さんの姉にあたります。この方が北のほうにおられて、また南の衢州《くしゅう》というところには南宋孔子廟というものがあり、ここに孔祥楷という方がいます。中国では女性が家を継ぎませんので、実際はこれが大陸では本家ということになります。先の親族九家の中でもさらに中心的なのがこの三家です。

どうしたことか、私のほうから特別に案内を差し上げたわけでもないのですけれども、向こうのほうがよく知っておりまして、いち早くお祝いを送ってくれたのが、この孔徳懋さんです。「貧乏しているようだから、金ができるように」と思ったのか、福禄寿の置物を送ってくれました。それとともに肉筆で書かれた丁重なお祝いの手紙をいただきました。

それからしばらくすると、今度南宋のほうから立派な孔子像が送られてきました。手に持ってもちょっと重たい重厚なものです。これを送っていただいた孔祥楷先生は、私とは酒友達でありまして、数年前に日本に迎えましたときに二人で飲み明かしたことがあります。そんなことまで祝いの手紙に書いてありました。

そして今度、総本家の七十九代の孔垂長さんが直接においでになりましたが、立派な孔子像をお土産にいただきました。期せずして三家から私のような誠に至らない、社会的になんらの地位も持ってない者を祝福して、ごあいさつをいただいた次第です。二千五百数十年続いた孔子の子孫と非常に近く交わるとは夢にも思わなかったことですが、これが道縁というものでしょうか。

これは時々申し上げておりますが、安岡先生がお亡くなりになる前日の昭和五十八年十二月十二日、病床にお見舞いに参りました折に、先生が私の手を握って「道縁は無窮だね」と言い残されました。確かに、考えてみたら二千五百年以上も続くこの家の子孫の方々と非常に身近に感ずるというのですから、人間の縁というものは不思議なものだとしみじみ感じます。

◉孔子の教えを体にしみ込ませて成長した曾子

その孔子の教えを、あるいは孔子の道を最も忠実に伝えた人、これが曾子です。そのため、この人は後に孔子の「至聖」に対して「宗聖」と呼ばれるようになりました。「宗」という字は本家という意味です。本家を昔から「宗家」と申しますから、孔子の教えを最もよく忠実に伝えたというので「宗聖」と呼ばれるようになったわけです。二千五百年も前の孔子の教えが現代に伝わってきている、その大本は曾子にあるといっていいのです。

皆さん、あちらこちらの孔子廟にお参りしたらご覧ください。孔子像を中心に、その周りに四人の優れたお弟子さんが祭られています。これを「四配《しはい》」といいます。顔回、曾子、それから孔子の孫の子思、そして少し時代が離れますが、孟子。この四人を四配といって、孔子の御像をこの四人が取り巻いています。その中の一人が曾子であります。

曾子のご子孫も健在です。七十五代の曾慶淳という方です。そのお父さんが曾憲禕さんで、この二人も私は日本に迎えたことがあります。ですから架空の人の話をしているわけではなくて、曾子の子孫は現実に生きておられるんです。『論語』の中に孔子が多くのお弟子さんの中で優れた人たちの人物批評をしているところがあります。

柴《さい》や愚《ぐ》、参《しん》や魯《ろ》、師《し》や辟《へき》、由《ゆう》や喭《がん》。（先進第十一）

【解釈】

柴は生真面目、参はのろま、師は見栄坊、由は粗野でがさつ。

柴は、姓は高、字は子羔《しこう》です。「愚」というのはバカという意味ではなくて融通の利かない非常に生真面目な人であったということですから、悪い意味ではありません。それから参は、姓は曾、字は子輿。この方が曾子です。曾子は「魯」であったと。

魯は「のろま」という意味ですから、ちょっと鈍いところがあったわけですね。『論語』を読むと、非常にすばしこくて社会的にも活動する子貢という秀才もおりますけれども、曾子は目から鼻へ抜けるような秀才ではありませんでした。

次の師というのは、姓は顓孫《せんそん》、字は子張。この人はなかなかやり手でしたが、見栄坊で目立ちたがりでありました。

それから由は、姓は仲、字は子路。この人は「喭」ですから、粗野でがさつであったというわけです。この子路は若い時分に町の不良の兄ちゃんのような生き方をしていました。孔子が非常に有名なものですから、いっぺん驚かしてやろうといって、頭に雄鶏の鶏冠を冠って、腰には雄豚の頭をぶら下げて孔子のところへ行くんです。けれども、そこで孔子の偉大さに打たれて、ぞっこん惚れ込んで、生涯孔子に付きまとって関係の深い生き方をする人です。

この四人はいずれも立派な人ですけれども、人間にはそれぞれの特徴というものがあります。そして曾子はちょっとのろまであるというわけで、孔子の門弟の中ではあまり評判に上がるほどの人ではなかったのです。

前にも言いましたが、この曾子のお父さんは曾晳という人で、孔子が三十で孔子学校をつくったとき、わりあい早いうちに入門をしています。非常に孔子に傾倒して、家庭内でも絶えず孔子を称え、孔子にあやかるべく日常の会話の中にもしょっちゅう孔子の話を出す。そうした家庭環境の中で成長したために、曾子は小さい時分から孔子的な考えを持つようになったのです。これは曾子の一つの大きな特徴です。

一般には御主人が、ある先生に傾倒していても家に帰ったら知らん顔をしているという場合が多いようです。自分が非常に尊敬している先生の噂話も家の中ではしないという人が相当いると思います。これに対して、非常に先生を尊敬して身も心も傾倒して、家族にもしょっちゅう話をしていると、その先生の考えが家庭にも自ずから浸透していきます。こうした家庭環境の影響というのは実に大きなものです。

昨今のように多くが月給取りになると、親父さんは朝早く出て会社で非常に苦労をしていても、家庭と仕事が別個になっていて、本人も家では仕事の話をしないから、その苦労が家族にはわからない。会社から貰ってくる月給で生活ができるからありがたいとは思っても、それ以上のことは知らないという家庭も多いかもしれません。

ところが、曾晳は孔子先生に学んだことを家庭の中でしょっちゅう話して、その生き方を真似しようとしていたんですね。そのため、自ずと孔子的な雰囲気が家庭の中にもできていく。だから、曾子はなんの抵抗もなしに孔子の教えを体にしみ込ませることができたのです。

そういう環境で曾子は育ったため、ちょっと鈍いけれども、非常に素直です。そして頭だけではなく、体で孔子的な雰囲気に接してきたものですから、本人は自覚をしなくても自ずから孔子の教えが身についていました。ですから孔子も曾子を見るときには、「あいつはちょっと鈍いけれども、非常に素直で実行力がある。ちょっと特異な存在だ」と思っておられたのでしょう。

◉本学を大切にしながら末学も疎かにしなかった孔子学校

門弟三千といわれるように孔子には随分多くの弟子がいましたが、孔子という人は非常に多才な面を持っておりましたから、さまざまな弟子を教育することができたのです。孔子という人は小さい時分から随分ご苦労をなさいました。しかし学校に行って十分な教育を受けることもできませんでした。

孔子の時代にも公立の学校はありまして、いまの小学校のように八歳（数え年）になるというと小学に、そして十五歳になると大学に入りましたが、一般の人はなかなか公立学校には入れませんでした。学校の一つの目標が立派な人物をつくるところにあるのは当然ですが、それと同時に、学校を出て役人になると地位も上がって社会的活動もでき、収入も増えるわけですから生活も豊かになる。そのため、どちらかというと立身出世を目標にしながら学校に行っている者が多かったのです。

孔子は、父親を二歳か三歳で失くして若い母親によって育てられたものですから、階級からいえば「士農工商」の「士」の階級に属してはいたけれども、経済的な事情もあっておそらく公立の学校には行けなかったのではないかと思われます。

しかし、幸いにしてお母さんは若い方ではありましたが葬式関係に属する仕事を生業とする家に生まれたために礼法などもしっかりわきまえており、当時の女性には珍しく文字も読めたのです。ですから孔子は、母親から直接、基礎的な勉強を教えられたのではないかと考えられます。また、近所にリタイアした学者がいて、この人が孔子の将来を期待して非常に親切に教えてくれました。これによって十五の年に本当の学に志したわけです。

本当の学とは何かといえば、それは人間学です。いわゆる立身出世のテクニック的なことを学ぶための学問ではなくて、いかにして人間を立派にするかを学ぶことを志したのです。

いまでも大学進学を希望している人の中で、本当に人間として立派になるための学問を身に付けるために行くという人はそうたくさんはいないと思います。立身出世の学問を私は否定しません。実際のところ、社会的に大いに活動ができる基本を学び、卒業したら良い会社に就職して、だんだん地位が高くなって人を支配するように、という思考を持ちながら学問に志している人のほうが多いのもよくわかります。

幼稚園から塾に入れているような親もいます。その中には「あの幼稚園は非常に人間を立派にしていく教育をしている」という理由で幼稚園を選ぶ人もあろうと思いますけれども、むしろ有名な大学の付属の幼稚園に入れて、次はその小学校へやって、さらに、中学、高校、大学へと進んでいけば良い会社に入れるし、社会的な地位も高くなるというような考えから子供を塾に通わせている親が多いのではないでしょうか。しかし、それだけでは人間としては不十分であると思います。

人間となるためには二つの道があります。一つは人間の本質を育て上げていく本学である人間学を学ぶ。もう一つは社会において役立ついろいろな技術を学ぶ時務《じむ》学です。これを末学といいます。孔子の頃の時務学は六芸《りくげい》といって「礼（礼節）・楽（音楽）・射（弓術）・御（馬術）・書（文学）・数（数学）」を学びました。人間学よりもそちらのほうを主として学ぶ人が多かったのです。

いまの日本の教育も同じでしょう。私の家にも九州から来た若い学生がいて、同志社の高等学校から大学へ入りました。同志社を創立した新島襄先生は、学内にチャペルもつくって人間的に立派に成長させようという大目的を持っていたわけですが、その学生に聞いてみると、いっぺんも教会に行ったことはないと。そして大学では経済を学んでいました。キリスト教系の大学でもそういう学生が多い。関西であれば関西学院大学などもキリスト教系の大学ですが、いろんな学部・学科があります。

京都には仏教関係の大学がありますが、そこにも経済や法律といった学部がありま す。建学の目的であるところの宗教の勉強を全くせずに、いわゆる末学に重点を置いて勉強をしているというのが現実です。

孔子は貧しい生活を送ってきたわけですから、出世を一つの目標にしながら学んでもおかしくはなかったはずです。けれども、そちらの道は選ばずに、人間として立派になろうとして聖賢の学に志しました。それがこの「学に志す」という意味です。

だから孔子は、自ら孔子学校を開いたとき、本来的には入ってくる学生に本学を教えたいという希望は持っていたのでしょう。けれども、そんなことを表面に掲げたのでは学生が集まらない。経済や法律のような立身出世につながるような餌で釣らないと学校は成立しないわけです。そういう中で、孔子は大変努力をして学校を運営していったと思います。

しかし、孔子は決して時務学を疎かにしたわけではありません。司馬遷の『史記』という歴史書をお読みになられた方もあろうと思いますが、その中に孔子のことが詳しく書かれています。そこで司馬遷は「六芸に達する者、七十二人」と書いています。孔子学校には「礼・楽・射・御・書・数」という社会的生活あるいは役人に求められる大切な技能である六芸を兼ね備えているものが七十二人もいたというのです。これは、どこへ行っても役に立つ人間がそれほどたくさんいたということです。司馬遷は『史記』の「孔子伝」の中に、驚きをもってそのことを書いています。

◉心の継承者として信頼していた顔回を失った孔子の慟哭

このように孔子は確固たる信念を持って世に立っていきました。それが「五十にして天命を知る」へと繋がっていくわけです。孔子は五十になって初めて、自分とはいかなるものであるか、天とはいかなるものであるかということを、身をもって体現したのです。だから、その後の孔子の行動はそれ以前とは全く変わり、哲人のようになっていくのです。

年が七十近くになった頃、孔子は弟子の中に自分の一番求めている人間学を伝授する継承者を求めていました。自分の心の継承者は誰か、自分の心を本当に知ってくれる弟子はいないかと真剣に考えるんです。

そのときに顔回というお弟子さんがいました。顔回は非常に優秀で、孔子の教えをさっと受け入れる、そういう境地にまで到達した人です。非常に貧乏でしたけれども、耐えられないような貧乏にも挫けずに、人間の本質を追求していった人です。

曲阜に参りますと、孔子廟の隣に顔回をお祀りしている顔子廟があります。立派なところです。私が初めて行った時分は、ちょうど修理をしているところでありました。この顔回は、日本でいえば共同の井戸のある長屋のようなところで育っています。その古井戸の跡がいまでも残っていました。

孔子廟にも、あるいは他の方々の御廟に行ってみても、賽銭《さいせん》箱がありません。ところが、顔回を祀る顔子廟にだけは賽銭箱がある。その賽銭箱も、日本のお宮ならば木で作ってあって外から中は見えませんが、向こうはビニールでできていて外から中が見える。私が行った時分には古いお札がぎっしり詰まっていました。中国では昔、新しい札はあまり信用しなかったんです。古いお札はずっと使ってこられたものだから信用できる。だから、くしゃくしゃの紙幣がいっぱい入っているんです。貧乏な顔回に同情して、みんな、お賽銭をあげているのでしょう。

いまの人からも同情を受けるような貧乏な生活をしながら、人間の本質に向かって学んでいこうとする態度を持っていたのが顔回でした。孔子さんは、この顔回が第一の跡継ぎだと思っておられました。ところが、孔子が七十、顔回が四十のときに（これには多少の異説もあります）顔回が亡くなってしまうのです。

跡継ぎが亡くなってしまった孔子は非常な悲しみの中で、身悶《もだ》えをして顔回の死を悼みます。人間的に完成されたような孔子が、人前も憚《はばか》らず泣き崩れるのです。

中国の葬式に行かれた方もあろうかと思いますが、私も孔徳成先生の長男で、垂長さんのお父さんの孔維益さんが急に亡くなられたときに台湾まで行きました。中国式の葬式は、お参りするときに泣く真似をするんです。泣き真似というのはなかなか難しいから、泣き男や泣き女を雇って悲しみを表す場合もあります。いずれにせよ、親族以外は悲しくても身悶えをして慟哭するような泣き方をしてはいけない。そういうのはかえって失礼になると礼儀の中にちゃんと書いてあります。

孔子さんは非常に礼を重んじた人でありますが、この顔回が亡くなったときには、親族でもないのに人前も憚らずに泣き崩れたのです。それを見た付き添いの者は「先生、平生の教えと違って、随分身悶えをして泣かれましたね」と孔子に言いました。すると孔子は「ああ、そうか、自分はそういうふうな状態であったか。しかし、顔回の死を悼《いた》まずして他の誰に身悶えをして悼むのか」と言って、また慟哭したということが『論語』に書いてあります。

◉新たな後継者・曾子を見出した孔子の喜び

あの時代の七十といえば、いまの私ぐらいの年でしょう。そういう老年になって、どうにも形容しがたい悲しみの中に孔子は突き落とされました。そんなときに現れるのが曾子です。

孔子が曾子を見出した場面は非常に有名です。

子曰《のたま》わく、参《しん》や、吾が道《みち》は一以《いつもっ》て之《これ》を貫く。曾子曰《い》わく、唯《い》。子出《い》ず。門人《もんじん》問うて曰《い》わく、何《なん》の謂《いい》ぞや。曾子曰《い》わく、夫子《ふうし》の道は忠恕《ちゅうじょ》のみ。（里仁第四）

【解釈】


先師が言われた。

「参よ、私の道は一つの原理で貫かれているよ」

曾先生が「はい」と歯切れよく答えられた。

先師は満足げに出ていかれた。

他の門人が「どういう意味ですか」と問うた。

曾先生が答えられた。

「先生の道は、まごころからなる思いやりだと思うよ」


これは孔子が七十二歳、曾子が二十六歳のときの問答です。若いお弟子さんが何人か集まっているところに孔子が行きあった。そこで参、すなわち曾子を名指しで「参よ、私の道は一つの原理で貫かれているよ」と言った。たくさん同年輩のお弟子さんが寄っている中で、ただ一人、曾子に向かってこう言われたわけです。

それを聞いた曾子は「はい」と歯切れよく答えました。「唯」というのは非常に歯切れのいい返事です。「はーい」というのではなくて、「はい」と短く答える。曾子は孔子に対して形を改めて、その目を見て「はい」と答えるんです。ここには目を見たとは書いていないけれども、目というものは言葉以上に真実を語るものですから大切なんです。曾子は必ずや孔子の目を見て答えたはずです。

余談になりますが、中国では昔から酒席において「乾杯」を盛んにやります。杯は小さいのですがなかなかアルコール度数の高い酒をつぎ合って、なんべんも「カンペイ、カンペイ」と乾杯をします。その乾杯のときは、ただ飲むだけではなく、まず先に相手の目をよく見て、飲んだ後で「飲みましたよ」と盃を相手に見せ、最後にまた相手を見る。これが乾杯の一つの作法です。

最近は全部飲まないのも出てきていますけれども、中国式カンペイというと本来は全部飲み干すのが礼儀です。日本式の乾杯では、「お流れ頂戴」といって酒だけ飲んで相手を見ません。また日本式乾杯だと全部飲み干さずに半分残してもいいし、口を付けるだけでもよろしい。私などはもう年を取っているし、相手も年を取っているものですから、日本式乾杯にしています。

中国では女の人でも「カンペイ」と言ったら断りません。口をちょっと付けるだけでも、みんなやります。いずれにしろ、中国式カンペイでは相手をよく見る。そして飲んでまた相手を見る。だから言葉は通じなくても心は通ずるんです。

酒を飲まない人は、日本では初めから杯を引っくり返して「私はもう飲みません」と言われてしまうと勧めるわけにはいきません。しかし、片一方は酔っているのに、片一方は酔わないというと調子が合いません。やはり心と心の交わりをするのには共通の面を持っておかなくてはいけない。まあ酒の話になると切りがないので、このあたりでやめておきましょう。

さて、若いお弟子さんが集まっているところへ孔子が出くわして、曾子を名指しで「自分の道は実は一つを以て之を貫いておる」と言ったところ、曾子はなんの淀みもなく「唯」と歯切れのいい返事をされて、澄んだ目で孔子を見た。そのときに孔子は

「わしの言うことをすっとなんの抵抗もなしに受け入れたな」と直感したのです。

孔子は心の底から喜びました。顔回が亡くなったときは跡継ぎが失われたことに正体もなく慟哭した。まだその悲しみが癒えきらない頃です。自分の道を本当に理解して受け入れて将来に生かしていく芽が十分に出ていないと沈んでいたときに、曾子の返事を聞いて、「これだ」とわかった。孔子の人を見る目は非常に鋭くて、そこではそれ以上は何を言うこともなく、踵をめぐらせて足取りも軽く帰っていくのです。いまから二千五百年前の話ですけれども、目に見えるような感じがしますね。

◉心の継承こそが本当に大切なこと

相続にもいろいろあります。血筋というものは永遠のものでありますから、切ったと思っても切れるものではありません。けれども、先祖から子孫に伝えていく継承の中にも、心の継承と物の継承の二つがあります。最近は、相続で物の継承がなかなか上手く話がつかずに争いのもとになることが多いのですが、心の継承はあまり問題になっていません。本来、家督相続、つまり家を継承していくというのは心の継承です。しかし、財産相続は法的に決まっているけれども、家督相続ははっきりしていないのが今日です。

教えという立場からすれば、その継承は実に大切です。致知出版社から随分前に『安岡正篤先生からの手紙』という本を出版してくださったことがあります。お読みになられた方もあろうかと思いますけれども、安岡先生の手紙を私は二百通ぐらい保存しておるんです。その中で一番真に迫っているのは、戦いに敗れて公職追放を受け、先生が始められた金鶏学院や日本農士学校が解散させられるという時期のものです。これは生きていて死の宣告を受けたようなものだったのです。

そうした苦しい思いをされたのは安岡先生だけではありません。戦後、二十万人以上の日本の代表的な方々が公職追放されて、いわゆる社会の表面から抹殺に近い扱いを受けました。これは大変なことでした。いろんな役職についている人が職を去りました。退職金はもらえないどころか、給料も即刻停止です。子供がまだ大学や高等学校に行っている人たちも多かったでしょう。それが突然、無収入になったのですから、生きながら死の宣告を受けたようなものです。

私は戦後しばらく、生活のために印刷屋の職工になったことがあります。そのとき印刷屋に就職している人の中に、大阪にある造幣廠の長官で陸軍少将だった人がいました。そうかと思うと、海軍の技術将校で中将だった人もいました。この人はパージを受けて、息子二人が大学に行っているのに収入の道が絶たれてしまったため、和歌山から大阪まで毎日安い給料をもらうためにやってきていたのです。結局病気になり、「病気手当も出るから、もう休みなはれ」と言って休んでもらって、ある程度の給料の出る道を考えました。

そんな調子ですから、自殺する人も随分おりました。そういう有能な人たちで職を失った人が二十数万人もいたのですから、日本の頭がなくなってしまったようなものでした。当時、「植木鉢を引っくり返した」という表現がありました。いままで花が咲いていたのに、それを引っくり返して、花が下のほうに置かれたような状態になってしまったんです。

上のほうがいなくなりましたから、その下にいた者がやむを得ず役付きの高い地位について悪戦苦闘をしました。そうやって戦後の日本は復興していったのです。事業を起こす場合にはゼロからの出発を経験することは大切ですが、戦後はゼロどころではなくてマイナスからの出発でした。ゼロならちょっと努力すればプラスになるけれども、マイナスから始めてプラスに転化するまでには相当の苦難の道がありました。戦後、日本がある程度復興していったのは、創業者以上の苦労をした人たちが継承者として頑張って、苦難のときを乗り越えていったからです。

そして昭和三十九年に日本でオリンピックが開かれます。それまで有色人種の中で世界的なオリンピックが開かれた例はなかったのですが、一敗地にまみれた日本がそれから僅か十九年でオリンピックを開いたのです。その六年後には、大阪で万国博覧会が開かれました。万国博覧会も有色人種の中ではまだどこもやっていませんでした。白人種優先でやっていたのですが、どん底に蹴落とされた日本が立ち上がって、戦後二十五年で万国博覧会を開催したのです。これは一つの奇跡的な出来事でした。

万国博覧会のときには、松下電器が五千年先に開くというタイムカプセルを展示しました。現代で使っているいろんなものをカプセルの中に入れて五千年先に開くというのです。歴史の中で未だかつて五千年続いた文明はありません。かつて最先端であったエジプトの文明もチグリス・ユーフラテスの文明もいまは遺跡を残すにとどまって、その文明は伝わっていません。それが五千年先に開くというのですから、途方もない計画です。確か百年ごとに開くものもその中にあったと思います。

そのタイムカプセルを保存している場所が大阪城の中にあります。大阪城は二代も続かなかったけれども（笑）、そんなところに五千年先を夢見ながら保存をしたというわけです。あの頃はそういう夢が語られた時代でした。

◉孔子の「一」を受け止めて「忠恕」と答えた曾子

話を戻しますけれども、孔子の教えの継承、心の継承は曾子に託されました。曾子の「唯」という歯切れのいい返事を聞いて満足した孔子は、足取り軽く部屋から出ていかれました。皆さん、わかりますか？　七十を越え、年老いた孔子の足元はヘタヘタであったかもしれません。にもかかわらず、曾子の「唯」という返事を聞いた途端に「あっ、こいつにはわしの境地がわかる」と直感して、軽やかな足取りで出ていかれるのです。これが孔子七十二歳、曾子二十六歳の問答なんです。

孔子はそれだけ人を見抜く目を持っていたということでもありますね。キュリー夫人は山のように集めた石の中から本当に僅かな放射能を発見しました。それが人類に非常に偉大な影響を及ぼすわけです。キュリー夫人は石ころの中に光を見たといえるでしょう。これと同じく、孔子は僅か二十六歳の青年の中に自分の姿を見たのです。それで孔子は非常に足取り軽く去っていったんです。この後ろ姿は本当に見えるような感じがいたします。

ところが、次に「門人問うて曰わく」とあるように、曾子と同じ若い門人たちには何も説明なしに去っていく先生の後ろ姿が何を意味しているのかわかりません。そこで「何の謂ぞや」と曾子に聞くわけです。「いま、先生と問答をしていましたが、あれはどういうことでしょうか」と聞いたところ、曾子は「夫子の道は忠恕《ちゅうじょ》のみ」と答えました。

孔子の教えの中で人間として最高なるものは「仁」であるとされていました。孔子も「仁」についてお話をされていますから、「夫子の道は仁のみ」と曾子が答えていれば、みんな理解できたはずです。ところが曾子は「忠恕のみ」と孔子が口にしたことのない言葉で返事をしたため、他の者はどういう意味だろうと首をひねったのです。しかし、仁ではなく忠恕と答えたところに曾子の偉大さがあると私は思うんです。

この「忠」にはいろいろな解釈がありますが、本来は自己に対するもので「吾が心を欺かない心」という意味でした。それが後に国や君に全力を尽くすことを指すように変わりますけれども、孔子の時代の「忠」は自己自身に対して忠実であること、自らを欺かないこと。そういう自己に対する純粋な心が「忠」でした。

では「恕」とは何かというと、これは人に対するものです。「心の如く」と書きますが、「吾が心の如く相手を思う」という意味で、相手に対する思いやりを指しています。ですから、自己に対しては忠＝忠実であり、人に対しては恕＝思いやりがある。これが先生のただ一つの道であるというふうに二十六歳の曾子は同年配の者に答えたのです。先生と弟子の間の一致点がここに感じられます。

先にも触れかけましたが、『安岡正篤先生からの手紙』（致知出版社）という本の

「あとがき」に藤尾社長さんが「瀉瓶《しゃびょう》」という言葉を書かれています。これは得たものすべてを弟子に注ぎ込む。そして弟子もまた一滴もこぼさずにそれを受け入れる。そういう授受の仕方を「瀉瓶」と言っているんです。私などは人間的にまだ至りませんから安岡先生のすべてを受け入れるところまでは行っていませんけれども、本当の継承というものはそういうものです。

　それから「阿吽《あうん》」という言葉がありますね。「あ」といったら口を開ける。「うん」と言ったら口を閉じる。これを阿吽の呼吸といいます。あるいは「啐啄同機」という言葉もある。「さいたくどうき」と読みますが、私がそう言うと、ある禅のお坊さんが来られて「あれは〝そったくどうき〟ですよ」と親切に注意をしてくれたことがあります。禅では「そったくどうき」で通じているんです。私も禅寺に十幾年おりましたから、それは知っています。けれども漢字の読みからいうと「啐」には「さい」という音はあっても「そつ」という音はありません。だから「さいたくどうき」が正しい読みです。

　この「啐」にはいろいろな意味があります。「驚く」という意味もありますが、「呼ぶ」という意味がある。これは親鳥が卵を温めて、卵が孵化《ふか》して、内のほうから雛が「もういいよ」と呼ぶんですね。「コトコト」と音がする。親鳥はお腹に卵を抱えていますから、呼ばれるとわかるのでしょう。それから「啄」というのは「啄《つい》ばむ」ということで、親鳥が内側からの知らせに対して、くちばしで卵の殻をパンと割る。この内側から呼ぶのと外側から割っていく、その働きが同時的であるというのを「啐啄同機」というんですね。

私は昭和二十九年、大学騒動の最も激しい時分に、大阪と京都の中間の八幡というところに有源学院という大学生を集めた塾をつくりました。デモに熱中する学生ばかりでは日本の将来は非常に危ない、ちゃんとした学生を育成しなければならないと思って、学生を修養する道場をつくったのです。

そのときに安岡先生が来られました。来られた際に私のところに泊まっていただいたのですが、先生に着てもらう着物がないものですから、家内の父親の形見の着物を着てもらって、朝帰られる前に「一筆どうぞ」と言って筆と硯を出しましたら、そのときに書いていただいたのが、この「啐啄同機」でした。

「啐」にはいろいろな意味があります。「驚く」という意味もありますが、「呼ぶ」という意味がある。これは親鳥が卵を温めて、卵が孵化して、内のほうから雛が「もういいよ」と呼ぶんですね。「コトコト」と音がする。親鳥はお腹に卵を抱えていますから、呼ばれるとわかるのでしょう。それから「啄」というのは「啄《つい》ばむ」ということで、親鳥が内側からの知らせに対して、くちばしで卵の殻をパンと割る。この内側から呼ぶのと外側から割っていく、その働きが同時的であるというのを「啐啄同機」というんですね。

なかなか言葉どおりにはいきませんけれども、こちらの思うことが先生に通じ、先生の思うことが自分に通ずるということを考えるときに、私はこの言葉を類推します。要するに、孔子の言わんとする「一」を曾子はひょっと受け止めて「忠恕」と答えた。これがいわゆる「啐啄同機」であります。

このような形で孔子の教えが曾子に移ったわけです。燦然たる金剛石なら誰でも見分けがつきますが、石ころの中に光るものを見た孔子の鋭い目は、やはり本当に人を知る者の目であろうと思います。

これは何も孔子と曾子だけの問題ではありません。我々も同じです。法隆寺の大工などにしても、棟梁が弟子に手を取って教えたわけではありません。棟梁の持つすべてがそのまま弟子に移るんです。伊勢神宮は二十年ごとに建て替えますが、千何百年も前から変わらざるやり方をとっています。それはまさに棟梁と弟子との間の授受が二十年の間に行われて、また次に移るということを続けてきたという証です。

このような伝承が行われたことにより、曾子の教えは孔子の教えといっていいわけです。曾子という人はちょっとのろまで、あまり人から注目をされないような人だったけれども、二千五百年後の今日、孔子の教えが現代に生きる大きなつなぎの役目を果たしたのです。

◉教育者に必要なのは自らが習熟し、納得して教えること

この言葉はすでにお話ししましたが、大切なことですからもう一度繰り返しておきます。

曾子曰わく、吾日に吾が身を三省す。人の為に謀りて忠ならざるか、朋友と交りて信ならざるか、習わざるを傳うるか。（学而第一）

【解釈】

曾先生が言われた。

「私は毎日、自分をたびたび省みて、よくないことははぶいておる。人のためを思っ

て真心からやったかどうか。友達と交わって嘘偽りはなかったか。まだ習得していないことを人に教えるようなことはなかったか」

曾子という人は、自分は毎日自分の身を三省したというのです。この「三」は三回という意味ではなくて、「たびたび」ということでした。「省」には二つの意味があると言いましたね。一つは反省です。自分の行いを振り返ってみる。これを反省するといいます。

しかし、反省するだけではまだ半分であります。反省した中から良いものは残し、悪いものは除いていかなくてはいけない。しかし、良いものを残すのは簡単ですが、悪いものを除くのはなかなか難しい。省みて間違っていたことはわかったけれども、これを二度と繰り返すまいとするのは容易ではありません。

だから「省」には、反省という意味と省略するという二つの意味がある。この二つがあって人間は立派になっていくのです。そのために三省が必要だというわけです。

学者は古い書物を読み、いろんなことを研究し、振り返ることには長けています。

けれども、要らざるものは省いていくという行動が伴わないのが、いわゆる学者の境地と言ってもいいでしょう。

曾子は、頭はちょっと鈍い。同僚の子張とか、子有とか、子夏のように、万巻の書を読んで学問を積み、知識を積み重ねていったわけではありません。けれども、それらの人たちは自らを振り返って要らざるものを省いていくという行動が十分に伴いませんでした。そこが曾子との違いです。

では、曾子は何を三省したのか。まず「人の為に謀りて忠ならざるか」、人のためを謀って真心からやったかどうか。次に「朋友と交りて信ならざるか」、友達と交わって嘘偽りはなかったかどうか。「信」という字は、言ったことを必ず行うこと。「誠」であります。

ここでもお話ししたことがあるが、「為」という字に人偏をつけると「偽」という字になります。いまはこれを「いつわり」と読みますね。しかし元々は悪い意味ではないのです。「人為」といって「人間の行為」という意味です。ところが、人間の行為には真実でないいつわりが多いものですから、いまでは「偽」を「いつわり」と読むようになりました。

曾子は孔子の跡を受けて弟子を取って教えた教育者でもありました。だから、「習わざるを傳うるか」ということもたびたび反省しました。なんべんも繰り返して行うことを「習う」といいます。習うことによってそのことが身に付きますが、これを「習熟する」というんです。だから、自分でしっかり習熟して納得したことを教えたかどうかを振り返ってみるといっているのです。

学校の先生というのは、いまも昔も教えるということが非常に重要です。けれども、仕事柄、本を二、三冊読んでまだ十分に納得しないことであっても「こうだ」と人に伝えていかざるを得ません。考えてみたら、小学校の先生ならば幼い子供を教えていますから、いい加減なことを教えても誰も文句を言いません。それで、いつの間にやら天狗になって、教えるほうに一所懸命になって習うことを忘れてしまいがちです。

昔は、学校の先生になるための師範学校がありました。高等師範とかいうようなもので、教えることを主とする学校です。それは非常にいい一面がありましたけれども、自ら習う、あるいは研究する、そういうことがちょっと置き忘れられていました。そこが師範学校の欠点です。私も師範学校を卒業したもんですからね（笑）、それはよくわかります。

だから学校の先生というのは、先生に就いている間はなかなかいいのですが、辞めた途端に世の中に対する影響力が少なくなるんです。しかし、やはり人生の師と仰がれるような人が本当の先生でありましょう。曾子の時代もそうであって、教えられるほうはまだ子供でありますから、先生は適当にやればそれで通用していたけれども、それなるがゆえに真剣に自分自身を習熟させることを忘れてはならないといっているわけです。

戦後、師範学校の大部分が廃止されて学芸大学と名前が変わりました。これは芸を学ぶということで、学びに重点を置いたものですからいい名前でした。その後、今度は教育大学という名前になって、大学の中でも教える方面に重点が置かれるようになり、学ぶほうが疎かになりました。しかし、人に教える以上、自らを学び、自らが自信を持ってこの世に立つというのが大切です。

現代の教育はそこが弱まっています。教育界が混乱する社会をリードしていくうえで影響力がなくなっているのはそこに理由があります。困ったら警察に頼むなどというのは、教育者のやることではありません。いやしくも子供を預かった以上は、命を的にしてその子供を守ってこそ教育者としての権威と影響力というものが出てくるというものです。教育者はもっと自らを学び、自らを習熟させる必要があります。

◉切磋琢磨の大切さを説くことで曾子が開いた新たな局面

曾子曰わく、君子は文《ぶん》を以《もっ》て友《とも》を會《かい》し、友を以て仁を輔《たす》く。（顔淵第十二）

【解釈】

曾先生が言われた。

「君子（立派な人となろうと志す人）は、文事（詩書礼楽等）によって友と相会し、その友達同士の切磋琢磨《せっさたくま》によって仁の道を実行して人間向上の助けとする」

孔子を失った後、他の弟子たちが「どうしたらいいだろう」と右往左往しているとき、曾子は「立派な人物は詩書礼楽などの文を以て友が集まって、お互いの切磋琢磨によって仁者となって人間向上の助けとするものだ」と言いました。

ここでは友達の大切さを説いています。偉大な先生はいなくなった。これからどうするかというときに、友達同士であれば「今晩一杯やろうか」といって酒を飲みながら会するということがありますが、君子を志すのならば文を以て友達を集めて、友達同士の切磋琢磨によって仁を行い、人間として立派になっていく助けとするべきだろうといったのです。曾子が新しい面を開いたのは、ここのところです。先生と弟子の師弟関係だけではなくて、友達同士が相寄って互いにディスカッションをして立派な人物となるための助けとすることが大事だといったわけですね。

台湾に輔仁大学という大学があります。仁を輔《たす》けるという名前を付けていますが、これは曾子の流れを汲む大学です。そこで曾子の七十四代になる曾憲褘先生が教授をいたしておりました。

日本にこの「輔仁」という考え方を踏襲して非常に大きな社会的影響を与えた人が

います。皆さんもご承知の石田梅岩《ばいがん》です。梅岩は石門心学《せきもんしんがく》という、いわゆる社会教育の先鞭をつけました。この梅岩の思想を代表するものに「会輔《かいほ》」という勉強会があります。会輔は戦後、ディスカッションという言葉で一般に定着しますが、仲間が集い交流をする中で自らを磨き高めていくことをいいます。会輔することによって仁を輔ける、つまり「輔仁」です。それは曾子から発祥しているのであります。

その輔仁大学の教授であった曾子の七十四代の曾憲禕先生は共産革命のときに蔣介石総統によって台湾に迎えられました。そして孔子の子孫と同じように、曾子の奉仕官として特別待遇を受けています。

私は台湾に行くたびに曾憲禕先生にお目にかかりました。立派な先生で、自分の家を「忠恕堂」と呼んでおられました。そして二千五百年後の今日、先祖の教えを奉じ、それと共に先祖の祀りを変わらずに継承しております。蔣介石総統によって台湾に迎えられたとき、非常に急いだのでしょう、奥さんや子供を大陸に置いたまま台湾に来て、台湾で再婚をしておりました。

私は平成元年に生駒の山の中に安岡先生の詩碑を建てました。その詩碑の除幕式に孔子の七十七代の孔徳成先生と、弟子であった曾子の七十四代である曾憲禕先生をお迎えをしようとして了承を得ました。ところが、孔徳成先生の長男、孔垂長さんのお父さんである孔維益さんが急に亡くなってしまわれました。私はその葬式に参りましたが、長男を失ったばかりの孔徳成先生に日本にお越しいただくように申し上げることがなかなかできなくて、何も言わずに帰ろうとしました。そうしたところ、徳成先生が「約束通り参ります」と言われて、間もなく孔徳成先生と次男の孔維寧さん、そして曾憲禕先生が台湾で結婚された奥さんを伴ってきてくださいました。

このときは非常に感動しました。二千五百年前に先生と弟子の関係にあった、その子孫を迎えたのです。驚いたのは、いまでも曾憲禕先生は孔徳成先生をやはり師として仰ぎ、師弟関係を大切にしていることでした。孔子の教えが今日まで影響しているのです。

この曾憲禕先生は台湾におられますが、大陸では曾憲禕先生の息子で曾子の七十五代になる曾慶淳さんが曾子廟を守って、先祖の教えを奉じ、先祖の祀りを継承されておられます。この方も数年前に日本に迎えました。向こうは温泉があまりないから、日本に来て温泉に入りたいというので、有馬温泉に案内をしてもてなしました。

私はたびたび曾子廟にお参りをしていますが、先年、曾子廟で曾子の生誕二千五百年を祝う曾子祭が行われました。それにも参列いたしました。この曾子廟には「一以て之を貫く」から名前を取った一貫門と、「忠恕のみ」から名前を取った忠恕門という二つの門があります。曾子の教えも現代の複雑な世の中で生きているのです。

今日のお話は決して架空の物語ではありません。現実のものとして私には誠に身近に感ずるものです。そこに言うに言われぬ感動を覚えるのです。

第五講

心に響く『論語』の言葉

◉天が決めるものに対して人間は無力である

この講座も最終回となりました。今回は二十篇、約五百章の『論語』の中から私がとくにピーンときた章を選んでお話ししていきたいと思います。ただし、私の解釈は一つの参考としてお聴き取りいただいて、捉われることなしに、皆さんは各自の『論語』に対する定見をお持ちになられますようにくれぐれもお願いしたいと思います。

最初に取り上げますのは顔淵第十二にある次の章です。

司馬牛《しばぎゅう》、憂《うれ》えて曰《い》わく、人は皆兄弟《きょうだい》有り、我《われ》独《ひと》り亡《な》し。子夏曰《しか》わく、商《しょう》之を聞く、死生命《しせいめい》有り、富貴《ふうき》天に在り。君子は敬《つつし》みて失うこと無く、人と與《まじわ》るに恭《うやうや》しくして禮《れい》有らば、四海《しかい》の内《うち》、皆兄弟なり。君子何《なん》ぞ兄弟無きを患《うれ》えんや。（顔淵第十二）

【解釈】

司馬牛が浮かぬ顔をして子貢に尋ねた。

「人々には兄弟があるのに私だけにはない」

子夏が答えた。

「私は『死生や富貴はすべて天命だ』と聞いている。君子は身を敬んで、人の道に違うことなく、人と交わるのにうやうやしくして礼に適うようにすれば、世界中の人は皆兄弟である。君子はどうして兄弟がいないことを気に病むことがあろうか」

ここでとくに注目したいのは「死生命有り、富貴天に在り」という言葉です。これは昔もいまも変わらない真理といえましょう。自分の命というのは自分のものだと思うけれども、煎じ詰めるとそれは天命であると。天というのは日本でいえば神といってもいいでしょう。死ぬか生きるか、それは自分ではなかなか左右できない、天が決めるものである、というのです。

それから富貴というものも天によるものです。ここでは富貴だけをいっていますが、その裏には貧賤も隠れています。「富貴貧賤天に有り」ということです。最近は天候不順で、思いがけない豪雨のために土砂崩れや堤防の決壊によってコツコツ働いて貯めたお金で建てた家が一瞬にして消えていくというような不幸に見舞われる人もおられます。若い人なら「もういっぺん」ということもありますけれども、七十にも八十にもなってから、生涯苦労をして建てた家が一瞬にして失われたときの心境たるや、誰に文句を持っていくわけにもいかない苦しさがあります。

この「死生命に有り、富貴天に有り」という言葉を私も年をとって実感として強く感じます。

◉何より大切なのは人間としての基本的な行いがしっかりできること

子曰わく、弟子、入りては則ち孝、出でては則ち弟、謹みて信、汎く衆を愛して仁に親しみ、行いて餘力あれば、則ち以て文を學べ。（学而第一）

【解釈】

先師が言われた。

「若者の修養の道は、家に在っては孝を尽し、世に出ては長上に従順であることが第一である。次いで言動を謹んで信義を守り、人々を愛し、高徳の人に親しんで、余力があれば詩書などを読むことだ」

この章はすでにお話ししましたが、改めて取り上げたいと思います。

ここで孔子が言われているのは、孔子教育の眼目であると考えていいでしょう。「弟子」とは若者のこと。若者は、家にいれば孝行を尽くし、世に出ては目上の人や上役に従い、謹んで偽りのない正直な生活をして、交際を広げ、徳のある人に学ぶのがいいと言っています。

ここで注目したいのは「汎く衆を愛し」ということです。よくご存知のように、キリスト教では博愛といいます。一般には博愛といえばキリスト教の専売だと思うかもしれませんが、ここの「汎」という字は「博」という字と同じ意味ですから、「汎く衆を愛して」とは「博愛」ということをいっているのです。

実際、ある弟子が孔子に「仁ということはどういうことでしょうか」と聞いたときに、孔子さんは「人を愛することだ」と答えています。ですから、孔子さんはバイブルよりも前に博愛ということをいっておられるわけです。

その愛を内側に秘めながらお名前を付けておられるのが皇太子のお子様の愛子様でございますね。皇室では男の子のお名前には、明仁とか徳仁というように「仁」が付きます。女の子には仁は付きませんが、愛を付けて愛子とされたわけです。その原典はいろいろありますけれども、『論語』にあると申してもよいのです。

また、「入りては則ち孝、出でては則ち弟」という言葉も大切です。現実の世界において戦後一番欠けておるのが、孝弟（孝悌）です。戦後、何もかも人間は平等であるという誤った平等主義が日本に入ってきました。しかし、そんな平等な人間などというものはどこにもおりません。必ず順序というものがあります。

親に対しては子でありますし、自分の子が生まれたら、子であった自分が親になる。同じ人がときには親になり、子になり、兄になり、弟になる。そういうふうにして、五倫（親子の愛、君臣の義、夫婦の別、長幼の序、朋友の信）というものができているのです。いまは平等だということですが、誤った平等主義を家庭の中に入れてはなりません。

社会においてもそうです。私は何十年か、老人ホームの役員をいたしておりますが、老人に暮らしぶりを聞いてみると、「設備もいいし、非常によくお世話もしてくれて、もう不自由ない生活ができる」と。それに対してはまあまあみんな感謝しているのですが、一つだけ彼らが望むものは「わが家で死にたい」ということなんです。家族に世話をされて死んでいく、それが理想であると。

実際、今日は家族との対面の日だというと、朝から玄関に出てきて、いまかいまかと待っているんです。「おばあさん、今日の面会は午後ですよ」と言うと、「わかっています」と言いながら、後で見にいったら、また出てきているんです。

たとえ家ではいろいろ問題はあったとしても、家族に世話をされて家で死んでいきたいというのが、老人たちの根本的な望みなのです。

そのような人としての五倫をしっかり守ることが第一で、それができて余裕があったならば古い書物やら新しい書物を読みなさいと孔子は言っています。「餘力あれば、則ち以て文を学べ」と。だから、孔子の教えは本を読むことが第一ではないんです。簡単ではあるけれども、人としての基本的な行いができることが大切であって、そのうえで余裕があったら本を読みなさい。これが孔子の教えの根源をなす考え方なんですね。二千五百年前の昔もいまも、あるいは中国も日本も、人間というもののあり方は、とどのつまりはここにあると私は思います。

◉法律ではなく徳によって国が治まっていくのが理想の社会

子曰《のたま》わく、之を道《みちび》くに政《せい》を以てし、之を齊《ととの》うるに刑を以てすれば、民免《たみまぬが》れて恥ずること無し。之を道くに德を以てし、之を齊うるに禮を以てすれば、恥ずる有りて且《か》つ格《ただ》し。（爲政第二）

【解釈】

先師が言われた。

「政令や法律だけで国を治め、刑罰によって統制すれば、民は要領よく免れてなんら恥じることがなくなる。道徳を基本として国を治め、礼（慣習的規範）によって統制すれば、自ら省みて過ちを恥じ、自ら正していくようになる」

これは中国だけの話ではありません。日本は法治国家です。すべてといってもいいくらい法律によって規制されています。法律というものは知ろうが知るまいが、決まったものを犯した場合には必ず処罰されます。すると要領よく逃れる人が出てきて、そういう人が頭のいい人ということになってしまうと孔子は言っているのです。

地中深く打ち込んだ杭が決められた基準よりも短かったという事件が最近もありました。杭の長さが足りなくても外からはわかりません。後で傾いたとかヒビが入ったとかいった事態に至って初めて問題が明らかになる。しかし、あれは一部のごまかしが表面化しただけでしょう。まさに「免れて恥ずること無し」です。

頭のいい人ほど法律をよく勉強して、その抜け道をわきまえている。しかし、法律は知らないけれども警察のご厄介には一生なったことがないという人、実際はこれが大部分でしょう。それが「之を道くに徳を以てし、之を齊うるに禮を以てす」ということです。

徳とは人間として当然やるべきことをやるということ。素直な心をもって、天の道、人の道を踏み行っていく、これを徳といいます。また礼とは、法に定められているようなものではなくて、社会的規範です。長い間、知らず知らずの間に身に付けていって、それを行えば社会生活を円満にやっていけるという決まり事です。だから礼は秩序といってもいいでしょう。

徳を重んじ、社会的規範を身に付けた人は恥じるということを知っています。だから、「恥ずる有りて且つ格し」ということで、恥じたら自分で自分を正していくことができる。自分で自分を正すから、法律によって処罰をしなくても平穏にやっていくことができるというわけです。

ここで孔子が問題にしているのは、国を治めるのに法を以てするか徳を以てするかということです。孔子は徳治を理想としました。誰もが、強制されなくても、罰せられなくても、「これは間違っているからやらない」と判断する。仮にそれを犯したときには自ら恥じて、自分で自分の行いを改めていく。そういう社会を理想としたのです。強制されて改めるのは「恥ずる」とはいいません。

この恥を最も知っていた者が武家社会に生きた人たちです。男も女もそうです。男は長い太刀と短刀の二つを差していました。長い太刀は外からの攻撃に対して身を守るものですが、短刀は自分が恥じて命を絶ってでもそれを明らかにしていくために持っていたものです。だから、武士の短刀は、男は言うまでもありませんが、女も持っていたんです。男も女も同じ恥じる心を持っていたのです。

現代、恥という文字が小学校では教えられていません。あるお母さんが言うには、「私たちは小さい時分から『恥を知れ』ということを教えられてきました。だから、恥という字はよく知っていました。ところが、五年生になったうちの子に聞いてみたら恥という字を知らないんです。学校に聞いてみたら、恥という字は教えていないというんです。校長さんに『なんでですか』と聞いたら、『文部省に聞いてください』

と言われました」と。これが日本の現状です。

日本人は恥を知ることが大切です。自分で自分を改めていく。身に覚えのない恥を受けたら、命を捨ててでも潔白を明らかにする。あるいは恥をそそぐために身を捨てる。そのために短刀というものを持っていたわけですね。

そういう面において、法政と徳治は違うのです。確かに法律は大切です。孔子は法務大臣も担当しましたから、当時の法律を知らなかったわけではありません。けれども、法律だけでは世の中は治まっていかないし、理想の社会は出現しない。やはり徳を以て治めるということが大切であると言っておられるわけです。

これはなかなかややこしいんですね。議会政治は大切ですし、法律を決めるときも議会で決めるわけですけれども、この間の安保法案の最後のところなんか見ても、議論で話を決めていくのが民主主義であるといいながら、自分たちの主張がうまく通らないとなると半ば暴力的に委員長を吊し上げにする。ああいうのは言うこととやることが違うんですね。あれは法を主にしながらも、しかし法そのものを自らも破っている。それに気づかなくてはいけません。

法政に対して徳治、徳を以て治めるということが平安のもとである。これを我々は改めて考えることが大事ではなかろうかと思います。それを二千五百年以上前に孔子はすでに言っているのです。

◉目には見えない先祖の魂を目の前にあるかのごとく敬う

祭ること在《いま》すが如くし、神《かみ》を祭ること神在すが如くす。子曰《のたま》わく、吾《われ》祭に與《あずか》らざれば、祭らざるが如し。（八佾第三）

【解釈】

先師は、先祖を祭るには先祖が目の前にいますように、神を祭るには神が目の前にいますように心を込めて祭られた。そしてよく言われた。

「私は親《みずか》ら祭りに当たらなければ、祭りをしたような気がしない」

孔子という人は先祖祭りを非常に大事にしました。そして、先祖のお祭りをするときには先祖が自分の前におられるように非常に丁重に祭った、というのです。

我々もお盆になったら迎え火をして先祖をお迎えし、送り火をして普通の人間をお見送りするのと同じように帰していきます。私の家でも娘や孫がちゃんと火を焚いて迎え火、送り火をやっていますので、私も一緒に手を合わせています。この行事は、目には見えないけれどもご先祖様の魂はあるということを表しているんですね。

「鬼神」という言葉があります。この「鬼」は普通の鬼ではありません。先祖の魂を意味しています。「魂魄」という言葉もありますが、この「魄」は魂のこもった肉体をいいます。その肉体を離れているのがいわゆる魂です。

「神を祭ること神在すが如くす」の「神」は宇宙の神です。我々は、目に見えなくとも神を尊敬しているでしょう。民族発祥以来、神を祭ってきたのが日本民族です。

孔子さんも先祖をお祭りしましたが、天神地祇といいますか、天の神、地の神をも非常に尊敬しました。時の政府もとくに天地の神々をお祭りしました。目には見えないけれども、実際に目の前にあるような心をもってお祭りをしたのです。

だから、「子曰わく、吾祭に與らざれば、祭らざるが如し」。誰かが代わりに祭ればいいというのではなくて、自分で直接お祭りをしなければ祭ったような気にならないというわけです。祭りは親祭、自らお祭りすることが大切だということです。

共産党になってからの中国は無神論ですから神様を否定しています。そこで蔣介石総統が曲阜から孔子七十七代の孔徳成先生を台湾にお迎えをして、お守りするようになったのです。それはいまも続いています。繰り返しお話ししておりますが、私はそういう頃に孔徳成先生を日本にお迎えしたんです。もう数十年前、中国の文化大革命の直後でありました。お招きするのは非常に難しかったんです。中国はそういう状態だし、台湾とは断交しておりましたから。

けれども、徳成先生に日本においでいただいた以上は日本を本当に知ってもらうことが大切であると思いまして、私のいた生駒山で孔子さんをお祭りして、その足で神社にお参りしました。そのときに行ったのが大物主神様をお祭りしている日本で一番古いといわれる大和の桜井にある大神神社でした。

大物主神は大国主神と同じ神様ですが、大国主神のほうは島根の出雲大社に祭られています。出雲の大宮には荒御魂を祭り、大神神社には和御魂を祭っているのです。

私たちがお参りに訪れた大神神社は、ご神体のない神社です。周囲十一キロのお山がご神体になっていて、土地の人もそこには入れません。ずっと古い時代から守られてきて今日まで続いています。

その大神神社にお参りをして、その後に日本の国の一番中心になる天照大御神をお祭りする伊勢神宮に参りました。その両方にお参りするように徳成先生に申し上げたら、喜んでいただきました。また両方の宮司さんも大変に喜んで特別に扱ってくださいました。大神神社では非常に古い舞を見せていただき、伊勢神宮では大宮司が非常に喜び、感動して、徳成先生に署名をお願いしました。

徳成先生のお孫さんである孔垂長先生夫妻を日本に迎えましたときには大神神社には行きませんでしたが、伊勢神宮に参拝していただきました。喜んで二礼二拍手一拝の正式参拝をされました。私は、孔子さんがいまから二千五百年前に日本においでになったら一番先にお参りしたのが大神神社だと思っています。

祭り方もいろいろ関係がありますが、日本では神社をお祭りするときにはお酒が上がります。お神酒ですね。お神酒をお供えして、そのお供えのお下がりを直会《なおらい》といって皆でいただいて非常に気持ちよく散会していくというのがいまでも神詣での一つの形式になっています。中国でも孔子さんをお祭りするときにはお酒が上がります。それから、葬式でも、儒式の葬儀ではお酒が上がります。孔子は「酒は量無く乱に及ばず」（郷党第十）と言って酒を否定していません。

そういう酒という共通点があるためか、外国文化の中でも日本に伝わってきてなんの抵抗もなしにスムーズに日本化していったのが孔子の教え、『論語』の教えなんです。この『論語』が日本人の血となり、肉となって今日に至っています。仏教やキリスト教もだいぶ日本化してきておりますが、その初めには随分トラブルがありました。これは歴史を紐解いてみれば、よくおわかりになることです。

◉あらゆることを道として高めようとするところに本物の世界がある

子曰わく、朝《あした》に道を聞けば、夕《ゆうべ》に死すとも可なり。（里仁第四）

【解釈】

先師が言われた。

「朝に人としての真実の道を聞いて悟ることができれば、夕方に死んでも悔いはない」

非常に簡単な言葉です。一行でさっと過ぎるくらいですが、これで一章です。

朝に本当の道、天の道を聞くことができたら夕方に死んでもよろしい、と孔子は言っています。理屈をこねれば、朝に道を聞いても夕方に死んでしまったならば意味がないじゃないか、となるでしょう。せっかく苦労してその道をわきまえたのに何も役立てることなく夕方に死んでしまうとしたら、一体なんのための苦労だったのかと。しかし、これは学者的な見方です。

実は、この言葉をみんな素通りして詳しく説明する人があまりいません。西田幾多郎先生のような大哲学者でもそうです。彼は晩年、禅宗の修行もされて非常に深いところまで入られた方でしたけれども、この言葉にぴんと来ないというのは結局、彼が哲学者だったからであろうと思います。

字面だけで考えると非常に矛盾したような言葉ですけれども、苦労をした人であれば、このときの孔子の心境がわかるはずです。これは万巻の書を読んでもわからない、死線を越えるような苦労をした人にして初めてわかる言葉なんです。どうしてかというと、孔子がこの言葉を発するまでに一つの段階を踏んでいるからです。

これはいままでも何回かお話ししてきましたから、お聞き覚えのある方もおられるかもわかりません。孔子は「吾十有五にして學に志し、三十にして立ち、四十にして惑わず、五十にして天命を知る」と言っています。この中の「天命を知る」が「明日に道を聞く」と同じことなのです。

この孔子の生き方について、普通はおおよそ十年ごとに段階を経て進歩し、最後に非常に高い境地に到達したという説明が多いのです。十五で学に志し、三十にして立つわけですから、この間は十五年です。しかし、それ以降は確かに十年ずつの区切りになっています。大体十年ごとに人間的に大きな変化があった。だから、一般の人でも十年間努力をすれば孔子さんの境地に至ることができるだろうということで、志学、自立、不惑、知命、耳順、従心ということを説いています。大体の説明はそこで止まっています。

ところが、四十から五十になるまでの十年は、他の十年とは決して比べることのではないものです。そこには一つの飛躍がある。飛躍というのはどういうことかというと、一つの閃きがあったと私は思うんです。

人間にはギリギリのところで閃いて、そこから新しい天地が開けてくるという人がいます。閃きのない人には新しい物の創造はできないのです。いくら理屈を重ねていっても、新しい展開はないんですね。これは学問の世界でもそうでしょう。学問の境地に到達しても、そこまでで終わっている人、物知りで終わっている人と、一大飛躍をした人とでは比べものにならない大きな差があります。

孔子は四十七、八の頃に壁にぶつかって行き詰まりました。それまでの学問の行き方で、要するに知識を積み重ねることによって境地に到達できるだろうと思っていたところ、知識を積めば積むほど悩みが多くなってしまい、迷路に入り込んで、どうにも動きが取れなくなってしまったんです。

人間にはギリギリのところで閃いて、そこから新しい天地が開けてくるという人がいます。閃きのない人には新しい物の創造はできないのです。

そのときに発した一語が「子曰わく、朝に道を聞けば、夕に死すとも可なり」です。学問の世界だけではなく、仕事の上においても、技術の上においても同じです。一境地を開いた人は必ず壁にぶつかって行き詰まりを経験しています。もう借金で首が回らない、一家心中するより他にしょうがないというようなギリギリのところにまで追い込まれた人でないとわからない世界がある。技術の世界ならば、カンナをかけたり、のこぎりで切ったり、それだけではわからない世界。一つの技道といいますか、その人が独自に到達した道、ルールがあります。

神社や寺などでも、そうした技術に到達した人が作った建物は千数百年経ってもびくともしません。どうして、大昔に現代の人々も到達できないような技術に到達したのか。翻っていうならば、どうして、コンクリートで作った大きな立派なビルが傾くのか。最新の技術を駆使して作ったはずです。けれども傾く。一方、お寺の五重塔などは長い年月の間には暴風雨などに何度も遭っているはずですが、びくともしない。ここに「朝に道を聞けば、夕に死すとも可なり」という言葉によって表される世界があるのです。

私は薬師寺の高田好胤《たかだこういん》さんと非常に親しくさせていただいていました。この人はなかなか飄々としているようで、彼の案内は年の若い時分から非常に優れていました。戦後、大きな台風が来まして大被害を各地に及ぼしたことがあります。その台風の翌日、私のところで好胤さんが話をしてくれることになっていました。幸いにも薬師寺にはなんの損傷もなかったため、予定通りやってきて話をしてくれました。

そのときに好胤さんは「ときどきこういう大きな台風があることが大切ですわ」と言いました。奈良から大阪へ出てくる途中にプレハブのような建物の屋根が飛んで落ちているのを見たというんです。ところが、薬師寺の東塔は大風でいまにも倒れそうになったけれども倒れずに元に返った。そして瓦一枚飛ばなかったというわけです。だから「本当の技術というものが、大きな台風が来たらよくわかる。技術の証明になるから、ときどきは大きな台風が起こったほうがよろしい」と言って笑わせておりました。それは薬師寺だけではありません。法隆寺の五重塔でもそういう道に達していいます。

松下幸之助さんは「機械を作るよりも前に、人を作ることが大切だ」と言って、社員がよその会社に行って「『あなたのところは何を作っていますか』と聞かれたら、『人を作っています』と答えろ」と言ったという有名な話があります。

大阪にある久保田鉄工の三代目の小田原大造さんと私は非常に親しくしていただいて、またかわいがってもいただきました。いまではクボタという大会社になっていますが、私が小田原さんと親しくしていた当時は、まだ町工場にちょっと毛が生えたぐらいの規模でした。この小田原さんが社長になったときに「機械を作る前に人を作れ。人を作る前に幹部が人となれ」と訓示をされた。いままで一所懸命機械を作っていたのが、「人を作れ。しかも幹部が人となれ」というので、幹部がハタと行き詰って、時の常務やら若い幹部社員が私のところに相談にやって来ました。昭和二十八年のことですから随分古い話ですね。

私は実業家ではないし、教えるという自信がまだあるわけではなかったのですけれども、あまり熱心に相談されるものですから、「では一緒に勉強しましょう」と言って『易経』を根本に置きながら勉強しました。日曜日の朝から晩まで、半年ほど一緒に勉強を続けたところ、ぐんぐん業績が上がって、私のところに相談に来た常務はそのうちに社長になりました。それからまだ若かった会計課長が社長になりました。その後も一緒に勉強をした人たちが連続して社長になりました。業績もどんどん上がっていまも発展を続けておるところです。

技術の末端で止まってはならない。その技術から道に至らなければならないんですね。このようなことで、やはり「朝に道を聞けば、夕に死すとも可なり」という、この道というものが大切なのです。

我々日本人は何かにつけ道を尊びます。武道でもそうですね。武術から武道にならないといけない。空手も初めは空手術といっていたけれども、やがて空手道に至っています。柔術は柔道に、剣術は剣道になりました。みんな道を知ることが大切なんです。花でも華道、お茶でも茶道ですね。ただ上手に点《た》てるだけでは本当の茶道にはならない。お茶をおやりになっておられる方は随分おられますけれども、皆さん、茶道を志しておるんですね。茶術ではない。お茶を点てるテクニックではない。茶の道に至らなければ満足しないというのが本来の日本人の姿です。

「朝に道を聞けば、夕に死すとも可なり」――これは非常に短い文章ですけれども、実に奥深い、永遠の真理であると言ってもいいと思います。みなさん、どうぞ自らの行っている仕事を静かに振り返ってみるようにしていただきたいと思います。

◉目先の利益ではなく人間性の向上を目指すところに学問の本質がある

子、漆雕開《しっちょうかい》をして仕《つか》えしめんとす。對《こた》えて曰わく、吾斯《これ》を之《こ》れ未だ信ずること能《あた》わず。子説《よろこ》ぶ。（公冶長第五）

【解釈】

先師が漆雕開に仕官を勧められた。

漆雕開が答えて言った。

「私にはまだ仕官するだけの自信がございません。いましばらく先生の許で勉強させてください」

先師は喜ばれた。

孔子は漆雕開という弟子が随分成長したから、「ぼつぼつ就職をしたらどうか」と勧めたのです。しかし漆雕開は「まだ私には十分自信がございませんので、いましばらく先生の許に置いて勉強させてください」と答えました。それを聞いて孔子は大変喜びました。なぜ喜んだかといえば、漆雕開が目先の就職よりも人間性を高めることを選んだからです。これが孔子の目指すところであったのです。

しかし、一方で孔子さんも生活をしなければなりません。そのためには新たな学生を受け入れて月謝をいただかなくてはなりません。あれやこれや選別していたら学生の数が減ってしまいます。これでは学校経営は成り立ちません。現実はなかなか厳しい。これはいまも変わりませんね。

現在の大学は、学問をしに行くというよりも、良い会社に就職する前提として大学卒業資格を取らないといけないから行くという面が強いようです。大学は四年制ですが、三年になると早くも就職活動です。卒業もしていないのに就職活動をするというのは、いい学生を取らないと他の会社に負けてしまうという企業の焦りもあるのでしょう。

しかし私が思うに、就職試験などというものは卒業してからすればよろしい。四年間みっちり勉強をし、内容も充実して、一応の課程を終えたならば、ある程度のところに就職ができるというのが本来のあり方です。それがどこでどう狂っているのか。コネなんかもそうですね。

京都で私が講師を務める社長塾の講座が行われております。今年で十二年になりますが、いま、全国から百五十名の中小企業の社長さんたちが参加しております。ところがその中で一割ぐらいの人たちは初めからずっと留年しています。新しい人が来たらいいなと思っていたら、百五十名のうちの三十数名だけが新しい参加者で、後はみんな定期的に留年をして増えていった古い人たちなんです。だから、一年生と十二年生を一緒にして勉強していることになる。

これはなかなか難しい問題ですよ。みんな「もうちょっと置いてくれ」というから置いているうちにそうなってしまった。彼ら曰く、『礼記』の中にある「学記」に「学びて然る後に足らざるを知る」と書いてある。勉強すればするほど足らないことがわかってくる。だから、もうちょっと知りたい、もうちょっと進みたい。そういう内なる叫びによって続いている、というわけです。

なかなか現職の社長さんが十二年間もずっと学び続けるということは大変なことだろうけれども、それは強制したことではありません。私としては一通り学んだら卒業してもらって新しい人たちを入れていきたいのですけれども、本人たちが「勉強すればするほど自分の足らなさがわかってくる。もうちょっと勉強しよう、もうちょっと勉強しようと続けている間に十二年も経ってしまった」と言うのですから、いかんともしがたい。しかし偉いもので、十二年続けている人は顔色まで違ってきています。人間というものは、内に満ると外に現れるんです。頭が下がるような品格ができてきています。

ですが、孔子さんも学校を作ったのですから、いつまでも古い人たちに教えているわけにはいかない。新しい人を入れていかなければならない。そういう面で悩みがあったのでしょう。この章からは、そんな孔子さんの悩みも推測できるような気がいたします。

◉『論語』が続いてきた一つの理由は師弟の間の情誼にある

伯牛《はくぎゅう》、疾《しつ》有り。子、之を問う。牖《まど》より其の手を執《と》りて曰《のたま》わく、之を亡《ほろ》ぼせり、命《めい》なるかな。斯の人にして而《しか》も斯《こ》の疾《やまい》あるや、斯の人にして而も斯の疾あるや。（雍也第六）

【解釈】

伯牛が不治の病にかかった。

先師が見舞いに行かれて、窓から手を取り、嘆いて言われた。

「惜しい人がなくなる。天命かなあ。それにしてもこのような立派な人物がこのような病にかかるとは、このような立派な人物がこのような病にかかるとは」

これは非常に堅い師弟関係を表す場面です。伯牛という人はなかなか徳の高いお弟子さんで、徳の高さでいえば四人の中に数えられるくらいの方でしたが、どうもいまでいうハンセン病のような病気にかかったのではないかと言われます。その病気がだいぶ重くなって、孔子さんがお見舞いに行ったんです。

しかし、伯牛は遠慮をして「部屋には入らないでください」と師である孔子に言います。そこで孔子は窓から手を入れて伯牛の手を撫でながら「命なるかな。斯の人にして而も斯の疾あるや、斯の人にして而も斯の疾あるや」と言ったのです。孔子も感に堪えなかったのでしょう。同じ言葉を二度繰り返しています。

先ほど「死生命有り」という言葉がありましたが、孔子は「生きるか死ぬかは天が決めることだ」と言っているのです。ところが、ここでは「こんなに徳の高い男がどうしてこういう病気になるのか」と、ちょっと天を怨むような言葉を発して嘆いています。

これは情誼《じょうぎ》というのか、単なる月謝を貰うから教えるというような関係ではない、もっと奥深い、心と心が通い合うような師弟関係があったということでしょう。だから、当時は伝染するかもわからないと考えられていた病気にかかった弟子の手をしっかり握って、この言葉を発しているのです。

孔子と弟子の関係が今日、その子孫においてもなお続いているのは、こういう情誼があったからなのでしょう。

◉何事でも熱中することによって苦が游になる

子曰《のたま》わく、道に志《こころざ》し、徳《とく》に據《よ》り、仁に依《よ》り、藝《げい》に游《あそ》ぶ。（述而第七）

【解釈】

先師が言われた。

「人として正しい道に志し、これを実践する徳を本とし、仁の心から離れないようにする。そうして世に立つ上に重要な芸に我を忘れて熱中する」

ここで取り上げたいのは「藝に游ぶ」という言葉です。前にも述べたように、当時の「藝」というのは礼楽射御書数の六芸を指しています。この「藝に游ぶ」ということは「仕事に熱中する」と解してもよろしい。礼楽射御書数の六芸を身に付けることによって、就職といいますか仕官といいますか、これがスムーズにいく。だから、それを苦痛と思ってはいけない。「藝に游ぶ」ということは仕事に熱中することなのだといっているのです。

いまは大部分の人が月給取りになっていて、決められた時間に仕事に行っては帰ってくる。毎日それを繰り返しています。時には夜に残業もするけれども、同じような仕事を繰り返しているわけです。それを非常に苦痛に感じる人もいるかもしれない。しかし、苦痛と思わず、仕事に遊ぶ境地に到達することが大事だといっているのです。

この「あそぶ」という字ですが、ここでは「遊」ではなく「游」という字を使っていますね。どういう違いがあるのかというと、まず「遊」には「道草を食う」という意味があります。学校から帰る途中で遊ぶ。こういうのは「遊」です。

松下幸之助さんが松下電器の社長の時代、私の生駒山の研修所に約八千人の社員が交代で登ってきました。初級の監督者を松下では班長と呼び、それから職長、課長、部長というふうに位が上がっていくのですが、位ごとのグループが次から次へとやってまいりました。

ところがあるとき、ちょっと毛色の違ったグループが研修を申し込んできました。それは金曜日の夕方から日曜日にかけての研修でしたが、そのグループを「遊働会」といいました。この遊働会は主任級の人たちの集まった会でした。班長、職長、課長、部長の研修は会社が派遣してくるのですが、主任級は研修から外していたんですね。そこで主任級の人たちは「会社が出してくれないのなら、我々で自主的に行く」と言って会社の中で参加者を募集して、研修に申し込んでやってきたのです。そういう珍しい会でした。

ちょっと変わっているなと思ったので、「遊働会というのはどういう意味や」と聞いてみました。すると「よく遊び、よく働くという意味です」と答えました。そこで私はこう言いました。

「ああ、そういう意味か。でも、よく遊び、よく働くというのはどこかで聞いたことがある。それも悪いことではないけれども、もう少し深みのある考えはないかな」

みんな頭をひねったので、

「漢文は上から下に読む場合もあるけれども、下から上に読む場合もある。これを働に遊ぶと読んで、仕事に遊ぶというふうな会にしたら、もっと深みが出てくるんじゃないか」

と言うと、みんなえらく感心しました。

それから十年ぐらいして、若い人の集まりの中に年を取ったのが混じってやってきたので、「どうした?」と聞くと、その人はこう言いました。

「遊働会で勉強した者の一人です。あれから仕事に遊ぶというつもりでかかってきました。ドイツに行き、シンガポールに行き、コスタリカに行き、各地を巡って、働に遊ぶ、仕事に遊ぶという心境にと思いましたが、なかなかそうはいきませんでした。しかし、いまでも非常に感動していまして、久しぶりに日本に帰ってきたので今日は志願をしてきました」

私はこの人の心がけにいたく感動しました。

ご承知のように『論語』の中に「之を知る者は、之を好む者に如《し》かず。之を好む者は、之を楽しむ者に如かず」（雍也第六）という言葉がありますが、楽しんで仕事をするというところまで行くことが大切なのです。けれども、楽しみというのは苦しみがあるからこその楽しみです。

仕事が苦しいからレジャー、バカンスで休みの時間が欲しいというのは西洋的な考え方ですが、孔子の言う「游ぶ」というのは、そういう苦楽を忘れて、そのものに熱中しているということです。子供は朝から晩まで動いているように見えますが、あまり疲れを感じません。それは熱中しているからです。これと同じように、仕事の上でも「游ぶ」という心境になれば、そんなにたくさん休みはいらないということです。

松下さんは五月五日を創業記念日として、この日は全社員が創業の精神に返って、心を新たにして働く記念の日にしていました。ところが、五月の連休に重なるため、いつからか創業記念日の式典を前倒しにしてやるようになりました。そのときに私は「これは一面いいように見えるけど、思いがけない落とし穴があるよ」という愚痴《ぐち》を言ったことがあります。

仕事が苦しいからレジャー、バカンスで休みの時間が欲しいというのは西洋的な考え方ですが、孔子の言う「游ぶ」というのは、そういう苦楽を忘れて、そのものに熱中しているということです。子供は朝から晩まで動いているように見えますが、あまり疲れを感じません。それは熱中しているからです。これと同じように、仕事の上でも「游ぶ」という心境になれば、そんなにたくさん休みはいらないということです。

いまは日本の祝日というのもそうでしょう。成人の日にしても、体育の日にしても、敬老の日にしても、月曜日を休みにして連休になるように変えてしまいました。そのため、祝日の本来の意義というものが忘却されています。ここに日本の大いなる問題があるといっていいのではないでしょうか。一大猛省を要するときだと思います。仕事より遊ぶほうが優先だと変わったとき、これがどういう結果を生むか。この老人といえども憤慨を感じるのであります。

やはり「藝に游ぶ」という境地が大切だと思うのです。この「游」という字を見ると「しんにゅう」ではなくて「さんずい」が付いています。これは本来、水を遊ばすという意味です。中国の古代、堯舜《ぎょうしゅん》の時代には黄河の氾濫によって非常な被害をこうむりました。それをいかにして食い止めるかということが、政治の一番の根本でありました。

そこで禹という人が黄河の治水事業を担当する職につきました。禹は十三年間も仕事にかかりきりで、自分の家の前を通っても帰らず、仕事に熱中しました。その努力によって、黄河の大氾濫を防ぐのにある程度成功しました。それが評価されて、禹は舜の後の王様になるわけです。

水を遊ばせるというのはどういうことかといいますと、大雨が降ったときに遊水地に水をプールして大洪水を防ぐということです。鬼怒川の堤防が切れて広大な土地が一瞬にして水浸しになりましたが、あれは堤防を築くことによって洪水を防ごうとしたところが失敗だったんですね。堤防ではなくて、川の両端に水を遊ばせる遊水地を作って、増水したときにはそこが広いプールになるようにして水を貯めるようにすればいいんです。

私が長く住んでいた四條畷というところは、川床を住宅にして立派な町ができていましたが、大水が出て浸かってしまいました。そこで、何十年かに一度起こる洪水に備えて、水を遊ばす場所を作らなければいけないということで、水浸しになった場所の住宅を全部除いて公園にしたんです。大水が出たら、そこが遊水地となって水が貯まるようにしたわけです。それにより、その後は洪水の被害はないようです。

この「游」というのは、もともとそうした水を遊ばせるというところから来たものです。

◉政治家に何よりも大切なのは「信頼」を得ることである

子曰わく、民は之に由《よ》らしむべし。之を知らしむべからず。（泰伯第八）

【解釈】

先師が言われた。

「民から徳によって信頼は得られるが、すべての民に理由を説いて意義を知らせることは難しい」

これはいまでも変わりません。大事なことになればなるほど、すべての人にその意義を知らせ納得させるのは容易ではない。「民は之に由らしむべし」とは、一般の民衆が徳のある人が政治にあたってくれている間は安心だと信頼するということ。それはできないことではない、と孔子は言うのです。けれども、すべての民衆に理由を説明して理解してもらうことは難しい。この「べからず」にはいろいろな解釈がありますが、ここは「難しい」と訳しました。

言い換えると、いくら説明しても一般の隅々に至るまで政策を知らせるのは不可能である、ということです。だから、「あの人に任せておけばしっかりやってくれるだろう」という信頼が政治には大切だというわけです。これは、民主主義の世の中であっても心得るべきことで、政治の非常に重要なところです。

◉立派な人がいけば野蛮な土地も「何陋郷」となる

子、九夷《きゅうい》に居《お》らんと欲す。或《ある》ひと曰《い》わく、陋《いや》しきこと之を如何《いかん》せん。子曰《のたま》わく、君子之に居らば、何《なん》の陋しきか之有らん。（子罕第九）

【解釈】
先師が道の行われないのを嘆いて九夷の地に行って住みたいと言われたことが

あった。

ある人がそれを聞いて先師に言った。

「野蛮なところでございますので、どうしておすまいができましょうか」

先師が言われた。

「君子がそこに住めば、だんだん野蛮ではなくなってゆくよ」


この「九夷の地」とは東北の異民族の土地のことです。孔子がそういう土地に住もうかと言ったので、ある人が「野蛮な人が住む土地ですから生活するのは難しいでしょう」と言ったわけです。すると孔子は「立派な人間が行って生活をすれば、やがてその民族も立派になり、住みよい土地が開かれていく。どうして賤しいことがあろうか」と答えるのです。

立派な人物が行けば野蛮な地に「何陋郷《かろうきょう》」が展開する。孔子はそういう「何陋郷」を夢見たわけです。

◉怪しげな酒や食べ物には手を付けないほうがいい

肉は多しと雖《いえど》も食《し》の氣《き》に勝《か》たしめず。唯酒《ただざけ》は量無《りょうな》く亂に及ばず。（郷党第十）

【解釈】

肉の入ったご馳走が多くても、主食の飯の分量に過ぎないようにされた。ただ酒には量はないが乱れて人に迷惑をかけるような飲み方はされなかった。

先にも少しお話ししましたけれども、これは私の好きな言葉です。孔子さんも酒が好きだったのです。『論語』の別の箇所では、「酒の困《みだれ》を為さず」（子罕第九）と言っています。「酒を飲んでも乱れることはない」と言っているわけですが、これは「酒は飲んでもいいけれど、お前たちのように乱れてはならんぞ」と弟子たちに忠告しているのです。だから、孔子さんは師弟の間でも酒を飲み、家でも酒を飲んだのでしょう。

ここに挙げた言葉の次に「沽《か》う酒と市《か》う脯《ほしにく》は食わず」とあります。売っている酒は買わないし飲まない。売っている干し肉は製法がわからないから食べない。つまり自分の家で酒を造り、干し肉を作っていたということです。

戦争が終わった直後の日本では、酒が少なかったものですから、メチルアルコールなどが入った葡萄酒などを飲んで亡くなる、あるいは失明をする人が随分たくさんいました。私の友人にもそれで亡くなった人がいました。戦後、大阪の高等学校の先生を辞めて徳島開拓に行っていた人ですが、教え子たちが陣中見舞いといって葡萄酒を持ってきたので飲んだところ命を落とした。持っていった学生も失明をした者もおり、田んぼの泥水を飲んでなんとか助かったという者もいたそうです。戦後のアルコール被害というものは実に深刻だったのです。

孔子さんの時分も正体不明のややこしい酒を売っていたのでしょう。だからそういうものは飲まないで、自分の家で酒を造り、干し肉まで作ったということです。

◉財産を託すことのできる人は多いが、心を伝承できる人は少ない

顔淵死す。子曰《のたま》わく、噫《ああ》、天予《てんわれ》を喪《ほろ》ぼせり、天予を喪ぼせり。（先進第十一）

【解釈】

顔淵が亡くなった。

先師は嘆いて言われた。

「ああ、天は私を滅ぼした。天は私を滅ぼした」

孔子の最高の弟子であり孔子の跡を継ぐだろうと思われていた顔淵が孔子に先立って亡くなってしまった。そのときの孔子の嘆きの言葉です。「天はこの私を滅ぼしてしまった」という嘆きは天を怨むが如き言葉です。孔子は顔淵こそが自分の心を後生に伝えるかけがえのない弟子であると考えていましたから、その大切な弟子が亡く

なってしまったのは自分の心を滅ぼしたのと同じことだと言っているのです。

それぐらい孔子は顔淵に対して強い期待を持っておられたんです。単なる財産の後継者ではなく、心の後継者として信頼し、顔淵がいることに安心していたのに、自分よりも先に亡くなってしまったというので大変なショックを受けたわけです。

先にもお話ししましたけれども、顔淵という人は非常な貧乏でありました。けれども、道を信ずることは何人といえども彼に及ぶ者はなかった。だから、顔淵に対する孔子の期待は大きかったわけであります。

◉孔子と曾子の心の伝承を表す二つの言葉

子曰わく、参や、吾が道は一以て之を貫く。曾子曰わく、唯。子出ず。門人問うて曰わく、何の謂ぞや。曾子曰わく、夫子の道は忠恕のみ。（里仁第四）

【解釈】


先師が言われた。

「参よ、私の道は一つの原理で貫いているよ」

曾先生が「はい」と歯切れよく答えられた。

先師は満足げに出ていかれた。

他の門人が「どういう意味ですか」と問うた。

曾先生が答えられた。

「先生の道は、まごころからなるおもいやりだと思うよ」


何度か取り上げた言葉ですが、もう一度繰り返したいと思います。

七十歳のときに顔淵を失った孔子は非常な落胆をして、この世を去ろうとしていました。ところが、七十二歳のときに二十六歳の弟子・曾子を見出しました。そして七十二歳の老先生が二十六歳の青年に心から心へと以心伝心で自らの道を伝えていく。その若い弟子の中に孔子の心は伝わっていくのです。『論語』が現在まで二千五百年続いていく大きなもとがここにあります。

「参」というのは曾子の名前ですが、その曾子に向かって孔子は「わしの道は一を以て之を貫く」と言いました。それに対してなんの詳しい説明もありませんでしたが、曾子は非常に歯切れよく「はい」と答えて、孔子の目を見ました。

ここには「目を見た」とは書いていませんが、間違いなく見たのでしょう。その目を見て孔子は「あっ、わしの心が曾子にはわかったな」と読み取ったのです。そして七十二歳の老人は二十六歳の青年に限りない希望を持ちました。「わしの道はこの曾子によってつながるなあ」と。

そして孔子は何も返事をせず、話もせず、踵をめぐらしてすたすたと帰っていくのです。私はその後ろ姿に限りない孔子の喜びを感じます。

しかし、そこにいた他の弟子たちにはその意味がわかりません。そこで曾子に向かって、「あれはどういう意味ですか」「一とはなんですか」と次々に聞きます。それに対して曾子は「夫子の道は忠恕なり」と答えるわけです。

この「忠」とは、自身に対して嘘偽りがないということ、全身全霊を打ち込んで誠をもって自己自身に対するということです。これに対して「恕」とは、人に対する心からの思いやりです。自分に対する「忠」と、人に対する「恕」、この両者が孔子の道だと曾子は答えたのです。

この「忠恕」は孔子の言葉ではありません。孔子が弟子たちに説いたものは「仁」です。それを曾子は「忠恕」と、自分の言葉で現したのです。孔子の教えを自分の言葉に置き換えて表現するというところに、心の継承を見ることができると思います。

私は孔子廟にお参りしましたとき、曾子廟にもお参りしました。そこには一貫門と忠恕門という二つの門がありました。この孔子と曾子の問答から名付けたことは言うまでもありません。

そして、私は十五年ほど前に孔子の子孫、七十七代の孔徳成先生とご次男、また曾子の子孫、七十四代になる曾憲禕先生のご夫妻を山にお迎えしたことがありますが、そのときにいまもなお二千五百年前の師弟関係が続いているのを見て感激いたしました。日本に来られても、曾憲禕先生は孔徳成先生に一歩譲られていました。そういう麗しい姿を拝見して、『論語』が現代に伝わるのはむべなることかなと改めて感じた次第であります。

「一以て之を貫く」「忠恕のみ」——この二つの言葉は、孔子の心と曾子の心の繋がりを最もよく現す代表的な言葉であると思います。

◉人間としての完熟を目指して精進を続ける

孔子と曾子の出会いは『論語』を今日に伝える大きな出来事となったわけですが、私自身の人生を振り返ると、昭和十年、数えで二十歳のときに安岡正篤先生という大人と出会うことができたのは、とても大きな出来事でした。

安岡先生との邂逅に加えて、『論語』をはじめとする古典を学び続けてきたおかげで、終戦のときに受けたとてつもない精神的打撃を克服し、また目の前の様々な現象に振り回されることなく今日まで歩んでこられたことは、この上ない幸せです。

人は誰でも老いると体力的には衰えますが、逆に長年蓄積した経験によって人間的な旨味が出てまいります。そこで個人的な利害を超えて活動を続けたなら、周囲の尊敬を集めながら一廉のことを成し得るでしょう。生きている以上、使命感を抱いて努力し続けることが何より尊いと思うのです。我が師・安岡正篤先生は、まさしくそういう姿勢を終生貫かれた方でした。

安岡先生は陽明学者と称されることがよくありましたが、ご自身は「私は陽明学者ではない」とおっしゃっていました。先生の学識は陽明学一つに収まるものではなかったわけですが、先生はまた一方で「陽明を疎かにしているわけでもない」ともおっしゃっていました。要するに先生は、王陽明の学んだものを学ぼうとされていたわけです。

あるとき、安岡先生から言われたことがあります。

「君は僕の形骸を学んではいけない。僕は孔子の求めたものを求めて学んだ。君は僕の求めたものを求めて学べ」

この言葉は、終生私を導く指針となりました。

では、安岡先生が求めたものは何だったでしょうか。

『詩経』に、

「始めあらざるなし、克《よ》く終りある鮮し」

とあります。何事も始めはともかくやっていくが、それを終わりまで全うする人は少ない。すなわち、終わりまで全うすることの大切さを説いた言葉です。まさにその言葉の如く、安岡先生はどこまでも一貫して自己の完成に向かって、その生涯を歩み続けられました。

私もその安岡先生の姿勢に倣い、及ばずながら命ある限り、日に新た、日々に新たに精進を続ける覚悟です。その一貫した道のりの末に、最も完熟した品格を備えて息を引き取りたい。そう切に念じているこの頃であります。

誠に舌足らずでありますが、これをもちまして今回の講座の終講とさせていただきたいと思います。至らない講義でございましたけれども、終始ご熱心にお聞き取りいただきましたことを深く感謝いたします。

あるとき、安岡先生から言われたことがあります。

「君は僕の形骸を学んではいけない。僕は孔子の求めたものを求めて学んだ。君は僕の求めたものを求めて学べ」

この言葉は、終生私を導く指針となりました。

あとがき

もう十年も前になる。初めて伊與田先生のご講義を拝聴したときのことは忘れられない。当時先生は八十九歳。三時間の長丁場、背筋をビシッと伸ばされ、文字通り粛々と話された。受講者は中小企業の経営者で、日頃古典にはほとんど関心のない方々であろう、それが身を乗り出すようにして聴き入っている。私もわれを忘れて引き込まれた。古典を知識としてではなく、道を求めて学んできた人の〝学の力〟を初めて教えられた気がした。

以来、先生にお願いし東京で「伊與田塾」を開催、昨年十回目の塾を終了した。本書はこの第十回の講義を集録・構成したものである。

十回の講座のうち、第五回目までは奥様が付き添ってこられた。だが、平成二十四年、奥様がお亡くなりになられた。そのあとはお嬢さんの惠子さんとお孫さんの由起さんが交代で先生のお伴をしてくださった。

十回の講座はそれぞれに思い出深い。中でも忘れられないのが第九回目の講座である。

四月に第一講が始まったが、先生は心臓に三本のペースメーカーを入れることになり、六月十三日に手術をされた。手術は無事成功。退院予定は二十五日で、二十八日開催予定の弊社の講座には何の支障もないということであった。ところが退院前夜、一本のペースメーカーの具合が悪く、再度手術となったのである。

この報せに、二十八日の講座は休講止むなしと腹をくくった。ところが、である。手術は無事済み、先生は執刀医のおスミ付きを得て予定通り上京、車椅子姿で会場に現れ、いつものように粛々と、だが力のこもった講義を果たされたのである。

先生のお姿を目の当たりにして、一つの言葉が心に浮かんだ。

「宝物は大切にされる。危険なところに置かないように心を配る。

人の世の宝と仰がれる人がある。そんな人は自ら求めなくても大切にされる。心の

美しい人はよい運命に守られている」（『常岡一郎一日一言』より）
これはまさに伊與田先生のことをいっている、と思ったのである。

日本には古来、『論語』に傾倒、精通した偉人は多い。しかし、百歳を超えて三時間、『論語』を説き来たり説き去り、多くの人びとを魅了して止まないのは、恐らく先生お一人ではないだろうか。伊與田先生は日本の歴史上多くが至り得なかった頂きに立つお一人であることは確かである。

本書を通じて百歳にしてなお学び続ける人の気概に触れ、命ある限り成長せんとする人の一人でも多からんことを願ってやまない。

平成二十八年風薫る五月晴れの日に

致知出版社
代表取締役　藤尾秀昭

〈著者略歴〉

伊與田覺（いよた・さとる）

大正5年高知県に生まれる。学生時代から安岡正篤氏に師事。昭和15年青少年の学塾・有源舎発足。21年太平思想研究所を設立。28年大学生の精神道場有源学院を創立。32年関西師友協会設立に参与し理事・事務局長に就任。その教学道場として44年には財団法人成人教学研修所の設立に携わり、常務理事、所長に就任。62年論語普及会を設立し、学監として論語精神の昂揚に尽力する。著書に『「大学」を素読する』『己を修め人を治める道　「大学」を味読する』『「孝経」　人生をひらく心得』『人物を創る人間学』『安岡正篤先生からの手紙』『中庸に学ぶ』『いかにして人物となるか』『人生を導く先哲の言葉』『人はいかにして大成するか』『男の風格をつくる論語』『愛蔵版「仮名論語」』ほか、『「論語」一日一言』の監修（いずれも致知出版社）などがある。

百歳の論語

平成二十八年五月二十五日第一刷発行

著者　伊與田　覺

発行者　藤尾　秀昭

発行所　致知出版社

〒150-0001東京都渋谷区神宮前四の二十四の九

TEL（〇三）三七九六―二一一一

印刷　㈱ディグ　製本　難波製本

落丁・乱丁はお取替え致します。　（検印廃止）

ISBN978-4-8009-1106-3 C0095

ホームページ　http://www.chichi.co.jp

Eメール　books@chichi.co.jp